umrzeć
w deszczu

Aleksander Sowa

Okładka: Poligraf
Redakcja: Poligraf

ISBN-13: 978-1496083036
ISBN-10: 1496083032

--
Aleksander Sowa | Self-Publishing
www.wydawca.net

Opole, marzec 2014 r.

Amsterdam

Biały proszek niechętnie rozpuszczał się pomiędzy kostkami lodu w polskiej wódce. Artur czuł chłód pustej szklanki w swojej dłoni. W tej jednak chwili nie miało to dla niego najmniejszego znaczenia. Podobnie jak wszystko. Jak cała reszta.

Siedział w obszernym fotelu obitym czarną, lśniącą skórą w swoim mieszkaniu. Był mężczyzną w wieku około lat czterdziestu, z tych, którzy wraz z wiekiem nie tracą na atrakcyjności, ale stają się jeszcze bardziej interesujący. Miał na sobie ciemne ubranie, którego koloru stojąca w drzwiach dziewczyna mogła się w panującym mroku tylko domyślać. Patrząc na niego, pomyślała, że brak krawatu nadaje jego postaci pociągającej swobody. Czuła subtelny zapach wody kolońskiej, który przyjemnie łechtał jej nozdrza. Mogłaby pomyśleć: on wygląda jak milion dolarów w gotówce. Do całości sylwetki Artura nie pasowały jednak przydługie włosy, kilkudniowy gęsty zarost, brak butów i skarpetek.

Gdyby w tym pokoju było więcej światła, pewnie dostrzegłaby też na ciemnych włosach pierwsze ślady tego, że jego młodość staje się powoli wspomnieniem. W przydługawych i zaniedbanych kosmykach pojawiały się lśniące świeżą siwizną włosy. Wnętrze mieszkania na poddaszu sześciopiętrowej kamienicy, w którym się znajdowali, pogrążone było w głębokim półmroku i jeszcze głębszym bałaganie. Jego widoczny bezmiar ograniczał chyba jedynie brak światła. Wokół na podłodze leżały puste butelki, ubrania i porozrzucane zdjęcia, szczegółów, których nie widziała. Artur, siedząc w fotelu, wpatrywał się w ścianę mroku i ulewnego deszczu za oknem, które mimo nocy dawało nieco światła z łuny pogrążonego we wrześniowej nocy miasta. Deszcz jednostajnie wygrywał swoją nutę kroplami wody rozbijanymi o dachówki.

Amsterdam mimo późnej nocy nadal żył. Odgłosy miasta odbijały się od gęsto padającego deszczu. Wraz z nim w szyby uderzał podmuchami wiatr, wypełniając zawodzeniem wnętrze mrocznego poddasza. Jako taką jasność nadawało temu lokum jedynie światło ogromnego akwarium rzucające blask na nieco bardziej pogrążony w ciemności drugi fotel. Dziewczyna po chwili wahania weszła i miękko zamknęła za sobą drzwi. Mężczyzna spojrzał w jej stronę. Jego oczy miały szary, beznamiętny wyraz. Nie płakał, lecz mimo tego jego twarz wyrażała ogromny smutek. Dziewczyna usiadła w drugim fotelu i włączyła dyktafon. Nie zadawała pytań. Nie odzywała się. Czasem tylko przygryzała swoje piękne, pełne usta. Pozwoliła, aby scenariusz toczył się według Artura. Był to przedziwny monolog, którego sens jest w stanie pojąć ten, którego szaleństwo doprowadza do miejsca, kiedy następny krok jest już ostatnim. Mówił cicho, niemal szeptem. Smutny wzrok utkwił w oknie. Kiedy przerywał, w pokoju słyszała tylko szum wody w akwarium i złowieszczy odgłos przepływającego przez jego gardło płynu. Kiedy odejmował szklankę od ust, jego słowa subtelnie zmieniały intonację. Mówił coraz ciszej i coraz wolniej. Zdania zdawały się przedzierać przez gardło. Wydawało się jej, że za kilka, może kilkanaście minut Artur zamilknie, by pogrążyć poddasze w całkowitej ciszy. Musiało być w jego słowach coś dramatycznego. Dyktafon ustawiony na stoliku dawno skończył nagrywanie, a dziewczyna nadal była wsłuchana w przejmującą pieśń, zupełnie tego nie zauważając. Nie zauważyła też ogromnej łzy, która spłynęła po policzku i teraz drżała na jej namiętnych ustach. Mężczyzna mówił bardzo dobrze po angielsku, wręcz doskonale. Jednak dziennikarka wyczuwała dziwny, niepokojąco słowiański akcent. Jakby w każdym wypowiadanym zdaniu czuła tę chwilę, kiedy kończy się cisza przed wielką ulewą. Czasem wyraźnie słyszała niezrozumiałe, obco brzmiące słowa, które pochodziły zapewne z któregoś słowiańskiego języka. Może z polskiego albo z czeskiego? Nie wiedziała, z jakiego i mogła się tego tylko domyślać. Wypowiadał niezrozumiałe słowa, niekiedy całe zdania w tym szeleszczącym języku. Czasem były to imiona, a czasem... Na razie rozumiała tyle, że patrzy na historię człowieka. Widziała, że jest na krawędzi. I to ona będzie świadkiem jego upadku i śmierci. Słuchała zmęczonego mężczyzny z kilkudniowym zarostem na twarzy i nie potrafiła powstrzymać łez, choć przecież widziała niejedno. Ludzkie tragedie to przecież jej chleb powszedni. Im gorsza wiadomość – tak naprawdę – tym lepsza. Patrzyła jednak spod srebrnych oprawek, młodymi, przepięknie dziewczęcymi oczyma. Oczyma, które nie potrafiły w to wszystko uwierzyć... Słuchała. Elektryzujący szept odkrywał przed nią nowe światy. Myślała. Kiedy do niej dziś zadzwonił, w słuchawce usłyszała głęboki, aksamitny, męski głos:

– Chciałaby pani mieć naprawdę niecodzienny materiał?

Po jej plecach od dołu, wzdłuż kręgosłupa, przebiegł dreszcz, jaki czuła zawsze, kiedy poruszył ją jakiś piękny utwór muzyczny.

– A jakiś szczegół na temat tego, co ma mi pan do powiedzenia? – zapytała odważnie, ale i delikatnie, tak aby go nie spłoszyć.

– Możesz przeprowadzić wywiad... ostatni wywiad. I możesz być ze mną w chwili, kiedy będę umierał.

– Jest pan chory na jakąś nieuleczalną chorobę?

W końcu wielu ludzi codziennie umiera, nie jest to znów jakiś rewelacyjny materiał, pomyślała.

– Nie pytaj teraz, albo chcesz widzieć moje samobójstwo, albo dzwonię do innej siksy, która będzie zadowolona. – W tonie odpowiedzi wyczuła irytację.

– Dobrze, proszę powiedzieć, kiedy i gdzie się spotkamy – szybko się zgodziła.

– Przyjedź sama, do mnie do domu, mieszkam przy Loletzplein 64, na ostatnim piętrze. Nie bój się – nie ciebie chcę zabić... bądź wieczorem.

Jej wesołkowatość w jednej chwili ustąpiła.

– Nazywam się Artur Sadovsky...

Dziennikarka wciąż siedziała przy biurku. Trzymała w ręku słuchawkę, mimo że mężczyzna rozłączył się. Nie ma co, taki telefon nie zdarza się codziennie.

– Simon, jak nazywa się ten fotograf od Jugosławii? – krzyknęła do kolegi po drugiej stronie sali redakcji.

– Jaki fotograf?

– Ten od World Press Photo, ty chyba kiedyś robiłeś z nim wywiad. Chłopak zamyślił się chwilę i odparł z wahaniem:

– Ten Polak, czy tam... Czech?... tak... Sadovsky, Artur Sadowski – po czym wrócił do swojej popołudniowej kawy.

Dziewczyna usiadła na krześle i zrozumiała, że musi tam iść za wszelką cenę. Nie wiedziała wprawdzie, czy nie jest to przypadkiem głupi żart, czy może przypadkiem facet nie ześwirował i czy jeśli tam pójdzie, wróci cała. Ale jeśli wróci, będzie mieć z pewnością materiał, którego nie miała jeszcze nigdy. Wskazówka wielkiego zegara przesunęła się i wskazywała właśnie pierwszą. Czas mijał.

Mo

Urodziłem się w małym miasteczku, które leży w pięknie położonej dolinie, pomiędzy kilkoma niewysokimi górami, w Sudetach – nie musisz znać jego nazwy, do niczego nie jest ci ona potrzebna – Artur mówił, a jego głos wyrażał spokój i niesamowity ładunek smutku. Miasto należy teraz do Republiki Czeskiej. Wtedy jeszcze była to Czechosłowacja. Nie miałem wtedy paszportu, lecz gdybym go miał, miałbym w rubryce narodowość wpisane – czeska. Moja matka była Czeszką, mieszkała tam i tam poznała mojego ojca. Ojciec był Polakiem. Dzieliła ich granica, łączyło ich wszystko inne. Łączyła ich miłość. Miasteczka, w których mieszkali, oddalone były od siebie tylko o kilka kilometrów i oczywiście o granicę. Kiedy ojciec miał dziewiętnaście lat, poznał moją matkę. Owocem ich miłości byłem ja. Do piątego roku życia wychowywali mnie rodzice ojca.

Matka, razem z ojcem, kończyła studia w Pradze. Potem i ja tam zamieszkałem. Mówiłem po czesku, co zresztą powinnaś słyszeć – ale ojciec zawsze rozmawiał ze mną po polsku. Kiedy skończyłem szkołę podstawową, rodzice zdecydowali, że odtąd będę mieszkać w internacie. Wiele lat dziękowałem im za to. Teraz wiem, że w ten sposób na zawsze zmienili moje życie. Nigdy przedtem i nigdy potem nic nie rzucało takiego cienia na moje losy. Przeklinam dzień, w którym podjęli tę decyzję. Ojciec sprawił – oczywiście dla mnie zupełnie nieświadomie

– że polskim władałem tak samo dobrze jak czeskim, więc wyjechałem do Polski, aby się uczyć. Miałem zostać wielkim lekkoatletą w sportowej szkole we Wrocławiu i przez większość dzieciństwa uprawiałem sport. Niestety nigdy nie zostałem Carlem Lewisem ani Benem Johnsonem, choć długo i ciężko pracowałem. Pewnej nocy, w pociągu do domu z Wrocławia do Pragi, zrozumiałem, że nigdy nie zostanę wybitnym sportowcem. Byłem jeszcze dzieckiem, choć to nie miało trwać długo. Mieszkałem w miejscu, gdzie świat wyglądał wspaniale, miałem kolegów, życie było kolorowe, proste i miało wytyczone cele, jak droga znaki i pasy na jezdni. Tam pierwszy poznałem smak życia, tam zapaliłem papierosa o tym niecodziennym, słodkim zapachu, którego teraz jest u was pełno. Tam wydarzyły się te wszystkie zdarzenia, które zwykliśmy obdarzać określeniem „pierwszy". Pierwszy raz kochałem właśnie tam...

Chodziliśmy razem do klasy i mieszkaliśmy w jednym internacie, a mimo to przez cztery, a na pewno trzy lata nienawidziłem jej, a ona mnie. Teraz wiem, rozumiem już, że granica to bardzo umowne pojęcie. Czasem zamiast dzielić, może łączyć.

Mo-ni-ka... Trzy krótkie sylaby, a jakże wiele znaczą... Monika... Jak ja nienawidziłem i kochałem to imię... Monika... przy pierwszej sylabie usta układają się na kształt muśnięcia warg – mo... Przy drugiej wysuwają się wraz z językiem do przodu – ni... – by otworzyć się do pocałunku, kiedy wypowiadam swój grzech – ...ka. Tylko jeszcze jedno słowo brzmi tak cudownie, słodko, i złowieszczo – kocham.

Wypowiedziałem je i stało się moją klątwą, przekleństwem i zbawieniem. Na całe życie. Jakże wiele dałbym, by móc je ponownie wypowiedzieć i by jej nigdy nie spotkać. Dopiero kiedy uniósł rękę w górę, młoda dziennikarka dostrzegła w ciemnościach, że wciąż trzymał w palcach jakiś przedmiot. Kawałek drutu, który musiał mieć dla niego istotne znaczenie. Była to wsuwka do włosów. Przysunął ją do warg i delikatnie musnął. Zamknął mocno oczy. Wydawało się jej, że zaraz popłyną z nich perliste łzy. Następnie uniósł szklankę, podniósł powieki i lodowatym wzrokiem ocenił jej zawartość. Szklanka była pusta. Wstał więc i chwiejnym krokiem, w milczeniu podszedł do lodówki i nakruszył lodu. Wrócił na fotel. Usiadł ciężko, podniósł butelkę, wydął wargi i wlał całą zawartość do szklanki. Powoli odłożył pustą już flaszkę. Zachowywał się nadzwyczaj spokojnie. Uniósł z podłogi talerzyk z proszkiem i wsypał zawartość do wódki. Wrzucił do szklanki wsuwkę, zamieszał i odłożył. Zdawał sobie sprawę, że kilka kolejnych łyków go zabije. I ona wiedziała, że wsypał do szklanki więcej niż jedną kreskę. Chciał dokończyć. Chciał dokończyć jej swoją historię. Teraz wiedziała, że nie żartował. Każdy samobójca, który nie chce umierać, chce zostawić list pożegnalny – pomyślała. Ja jestem jego listem. – Nie zostało mi już wiele czasu, ale kiedy skończę – kiedy już będzie po wszystkim – będziesz doskonale wiedziała, co zrobić. I jeśli mogę cię o coś prosić, to proszę tylko o jedno. Obiecaj mi, że nigdy nie będziesz mnie oceniać. Tylko tyle. Nic więcej. To chyba niewiele? Prawda? Pytanie zawisło w próżni jak schwytana w pajęczą sieć mucha; skinęła głową, bez pewności, czy w ciemnościach dostrzegł ten gest. Patrzył smutnymi oczami, których koloru nie umiała odgadnąć, w jej kierunku, ale zdawały się być martwe.

– Teraz uspokój się. Włóż kasetę i słuchaj – mówił dalej, wskazując jej miniaturowy magnetofon szklanką. Uświadomiła sobie w tej chwili, a raczej on jej to uświadomił, że kaseta w dyktafonie już się zapełniła. Wyjęła ją więc szybko i drżącymi – nie wiadomo od czego, strachu, przejęcia, emocji – rękoma włożyła następną. Pustą.

– Kiedy miałem siedemnaście lat, po raz pierwszy poznałem smak kobiety. Miała na imię Agnieszka. Była piękną blondynką o wspaniałych oczach. Trochę jak ty. Dziewczyna, zmieszana, uśmiechnęła się nieśmiało do siebie w swoim fotelu w kącie.

– Wiesz, wydarzenia z dzieciństwa zostają w nas na całe życie? To, co spotka dziecko w latach, kiedy nie rozumie jeszcze nic lub rozumie bardzo niewiele, jest jak zwrotnica na torach kolejowych. Wystarczy mały gest, mały ruch, jedno wydarzenie i jedna znajomość, aby całe cholernie dorosłe życie było już zupełnie inne. Pamiętaj o tym – jeśli kiedyś zostaniesz matką. Czytałaś Lolitę Nabokova?

– Nie… nie czytałam, ale oglądałam film – odparła dziewczyna troszkę zawstydzona, szybko się usprawiedliwiając. Spojrzał na nią. Pod jego świdrującym spojrzeniem poczuła, że wypowiedziała bardzo głupie zdanie.

Utonąć w twoich oczach

Pamiętam jej oczy do dziś, choć wtedy bałem się w nie patrzeć, by nie utonąć w ich błękicie. Pojechałem tego lata do dziadków do Polski na wakacje. Mieszkała niedaleko nas. Spotykaliśmy się. Wkrótce zakochałem się w niej młodzieńczą, szaloną, niecierpliwą i bezkompromisową – głupią miłością. A ona we mnie. Pewnej sierpniowej, rozgwieżdżonej nocy kochaliśmy się pod niebem, które było wtedy jedynym świadkiem naszego zespolenia ciał i dusz. Jakież to było nieudolne i dzikie jednocześnie. Wiedziałem, że kiedyś to nastąpi, nie wiedziałem tylko kiedy. Bałem się bardzo i przez cały czas mówiłem. Pragnęliśmy się wzajemnie jak sucha ziemia w lecie pragnie deszczu. Moja pierwsza w życiu kochanka zamknęła mi usta pocałunkiem. Tej nocy powiedziałem jeszcze tylko:

– Kocham cię, by za moment później usłyszeć to samo z ust, które jeszcze przed chwilą mnie namiętnie całowały.

Do końca sierpnia uciekaliśmy w to cudowne miejsce wielokrotnie. Uciekaliśmy, by ogniem naszych ciał rozpalać żar naszych serc. Kiedy umarł mój dziadek, po pogrzebie chciałem pójść w to miejsce, by ukoić ból po stracie jakże mi bliskiej osoby. Wyszedłem na polną drogę, którą wielokrotnie przemierzałem z moją Agnieszką, trzymając ją za rękę. Zobaczyłem autostradę i pędzące samochody. Nie było już naszej krainy rozkoszy, gdzie w miłosnym uścisku splataliśmy ciała. Nie było starego dębu, który stawał się co noc, wraz z gwiazdami, niemym świadkiem młodzieńczych uniesień. Nie było już mojej kochanki z drżącymi ustami jak krople rosy na pączuszkach róż, które tak bardzo lubiła, a ja co wieczór zrywałem je dla niej, kalecząc dłonie na różanych kolcach, w ogrodzie starej sąsiadki. Nie było wszystkiego od dawna. Wkrótce po naszych cudownych wakacjach zapadła na z pozoru niegroźną grypę, która przerodziła się w ciężkie zapalenie płuc. W ciągu kilkudziesięciu godzin moja maleńka kobietka przegrała samotną batalię z gorączką. Ja przegrałem – jakże boleśnie – wraz z nią. Przegrałem po raz pierwszy. Tego dnia, gdy zimny wicher osuszał moje łzy, a ja klęczałem samotnie na jej grobie, przeklinając cały świat, skończyło się moje dzieciństwo. Tego okrutnego listopadowego dnia, wznosząc zimne dłonie ku niebu, przekląłem Boga. A wraz z nim cały świat. Miałem siedemnaście lat. Przekląłem Boga, bo nigdy by na to nie pozwolił. Wszystkie te brednie czarnych o tym, że Bóg nas doświadcza, o tym, że trzeba z pokorą znosić przeciwności losu, obrzydzają mnie do dziś. Kimże jest Bóg, który pozwala odejść komuś takiemu, kim? Dlaczego nie zabierze ze świata tych, którzy świat czynią okrutnym, podłym i złym, a zabiera anioły? I wiesz, skąd wiem, że nie ma Boga? Bo anioły nie umierają, a skoro nie umierają, to ich nie ma – Agnieszka była aniołem i odeszła. Nie zabrał jej Bóg – nie zabrał jej diabeł. Odeszła po prostu. Odtąd wiem, że religia jest bzdurą i najlepszym interesem mafii w sutannach, jaki można by wymyślić. Nigdy nie uwierzyłem w tłumaczenia bożego postępowania. Uwierzyłem wreszcie, że nigdy nie istniał. Kiedy ojciec zabrał mnie, obejmując ramionami, do domu moich dziadków, zrozumiałem, jak bardzo go kocham. Nigdy po tym nie nazwałem go nawet w myślach „starym". To jest charakterystyczne dla was, karmionych sieczką dla małolatów w telewizji, prasie i Internecie. Odtąd na zawsze już był moim ojcem. Był po prostu tatą. Od tego czasu zawsze mówiłem do niego: tato. Do końca. Wiele razy budził mnie sen, w którym znów byłem na tym cmentarzu. Sen, który wiele razy stawał się rzeczywistością. Życie dlatego jest okrutne, a jednocześnie wspaniałe, że współistnieje z pojęciem czasu nie-rozerwalnie. A on spokojnie zaciera nasze rany, nasze wspomnienia. Moje rany i moje wspomnienia były ciągle świeże i ciągle bolały, jak drzazga w palcu, z każdym ruchem mocniej i intensywniej. Wiedziałem już, że nie zostanę wielką gwiazdą lekkiej atletyki. Nie chciałem nią zostać i nie zależało mi na tym. Na niczym mi nie zależało! Poszedłem do swojego trenera, by powiedzieć, że widzimy się po raz ostatni. Wiedział o wszystkim i zaproponował mi dłuższą przerwę. Nie chciałem mu robić przykrości, zgodziłem się, choć doskonale wiedziałem, że nigdy nie wrócę na bieżnię. Że nigdy już jego dobrze zapowiadający się płotkarz nie przebiegnie ani metra. Nie chciałem już więcej przegrywać. Za bardzo bolało. Wycofałem się. Uciekłem. Uciekłem gdzie indziej. Miało to też swoje dobre strony. Mogłem już jeść, co chciałem, mogłem spróbować alkoholu. Miałem też więcej czasu. Moi koledzy, widząc mnie smutnego, zabierali mnie niemal siłą na różne imprezy, spotkania. Po raz pierwszy poznałem papierosa, gorzki smak piwa i palące uczucie, gdy piłem wódkę. Spodobało mi się takie towarzystwo, ci ludzie i ten klimat. Pozwoliło mi to zapomnieć na chwilę o przykrych chwilach. W szkole i w internacie oprócz nauki czasem bardzo dobrze się bawiłem. Zdarzało się, że budziłem się i nie byłem sam. Czasem niektóre z koleżanek w moim łóżku pojawiały się częściej, inne rzadziej. Czasem systematycznie, Ania, Kasia, Jolka czy Asia. Nawet Agnieszka. Potem znów Ania, znów, i jeszcze raz. Potem w Pradze Ina i Hanička. Jednak żadna nie była Agnieszką. W oczach żadnej z nich nie można było utonąć.

Ty jeden wiedziałeś

Ciągle byłem uczniem. Nadchodziły ostatnie wakacje szkoły średniej. Po wszystkim tym, co mnie spotkało, nie wiedziałem, co chcę robić w życiu. Znów nadszedł czerwiec, potem lipiec. Wakacje. Znów pojechałem do dziadków do Polski. Do tego miejsca, gdzie kiedyś była ona. Czasem było mi bardzo źle. Przychodziłem pod ogromną, starą brzozę. Pamiętam jej gałęzie z drobniutkimi listkami, szeleszczącymi na wietrze jak ogromne warkocze, zwisające z rozłożystych gałęzi.

– Nie wiesz, co to brzoza, prawda? Skąd możesz wiedzieć – Artur nagle, niespodziewanie dla dziewczyny, zaczął mówić po polsku. Zupełnie nic nie rozumiała i czuła się nieswojo, tym bardziej, że patrzył teraz na nią i mówił wprost do niej.

– Betula! – wypowiedział nazwę łacińską. I znów patrząc w okno, szybko wypowiadał inne słowa.

– Można było się chwycić takiego warkocza i huśtać do woli, albo z jednego brzegu rzeki na drugi przelatywać, wisząc jak Tarzan na lianie. Zrozumiała ostatnie słowo. Znów spojrzał na dziewczynę i odparł na jej pytający wzrok.

– Yes, like Tarzan! – Po czym kontynuował:

– Siadałem na drewnianej ławce, którą dziadek chyba przed dwudziestoma laty zbił z desek i tam postawił. Pod brzozą. Tam, w ogrodzie, pod tym starym drzewem, rozmyślałem, wpatrując się w zapadające za góry słońce. Tam słońce zachodzi najpiękniej na świecie. W dupie mam zachody słońca na Majorce, Costa Brava i na Hawajach – tam, w kraju moich lat dziecinnych, słońce zawsze zachodzi najpiękniej. Tak bardzo chciałbym raz jeszcze zobaczyć to miejsce i przeżyć taki lipcowy wieczór – mężczyzna patrzył na fotografię, którą trzymał w dłoni. Po chwili milczenia wyrzucił ją na podłogę, wychylił spory łyk ze szklanki z rżniętego szkła i mówił dalej:

– Słońce zapadało wieczorami, by pogrążać mnie w półmroku, który zacierał kolory i kształty. By ofiarowywać mi co noc nowe tajemnice. By błysnąć miliardami gwiazd i tysiącami odgłosów nocy. Wychodziłem na wzgórze za domem, by wpatrywać się w zamierające światła Javornika, by posłuchać ciszy, przesypując piasek między palcami. Ciszy, którą śmiały naruszyć jedynie bezczelnie cykające swój szaleńczy koncert świerszcze. Siedziałem tam zwykle, dopóki chłodne tchnienie nocy nie pozwalało mi nadal poić sobą moich zmysłów. Głosów, zapachów i kształtów ciszy.

Wracałem pod moją okrytą mrokiem brzozę. Siadałem i myślałem o Agnieszce i o tym, co będzie z moim życiem. Co dalej i co mam robić. Za rok miałem już zdawać egzaminy końcowe. Wybrać szkołę i dalej żyć, a raczej rozpocząć nowe życie. Dorosłe. Tego wieczoru, po chwili, kiedy robiło się zimno, stare ręce mojego dziadka okryły mnie kocem. Nigdy sam nie odzywał się pierwszy. Lecz kiedy mówiłem, słuchał, czasem kiwał głową i milczał. Nie pytał o nic. Kiedy kończyłem, wydłubywał zawartość fajki, wyjmował z kieszeni spodni tytoń, który kupowałem mu w Czechach, nabijał ponownie i zapalał. Następnie zaciągał się głęboko dymem i po chwili mówił. Opowiadał mi o swojej młodości, o wojnie, o świecie sprzed kilkudziesięciu lat. Czasem o jakichś wydarzeniach i ludziach, w denerwujący, starczy sposób, którego moja młodość nie rozumiała. O ich historiach. Nigdy nie dawał mi rad i wskazówek, choć dokładnie wiedział, co zrobię. Znał mnie o wiele lepiej niż ktokolwiek inny. Nawet niż ja sam. Pewnej nocy, tak podobnej do innych, a mimo to wyjątkowej, kiedy wróciłem ze wzgórza ze źdźbłem suchej trawy w ustach, nie przyszedł. Usiadłem na ławce i słuchałem odgłosów z domu. Wiedziałem, że on gdzieś tam jest. Słyszałem go. Był na strychu, robił coś. Słyszałem wyraźnie, jak przestawia jakieś sprzęty i otwiera szafy i kufry. Po pewnym czasie dźwięki ustały i zamilkł cały dom. Pewnie spijał wiśniowe wino z gąsiora – pomyślałem wtedy o nim z uśmiechem. Zobaczyłem go po chwili. Szedł powoli, w ciemnościach, by usiąść obok. Kiedy wreszcie to zrobił, powiedział cicho:

– To jest dla ciebie. Nie daję ci go, lecz tylko pożyczam. Kiedy przyniesiesz mi pierwsze dobre zdjęcie i ja uznam, że jest wystarczająco dobre – będzie należał do ciebie. Ale jeśli nie, jeśli nie będzie wystarczająco dobre, oddasz go mi w nienaruszonym stanie. I nigdy nie weźmiesz do rąk. I uśmiechając się, dał mi stary skórzany futerał. Był w nim rosyjski, czy też bardziej precyzyjnie – radziecki – aparat fotograficzny Zenith. Dziadek patrzył na mnie. Gdybym potrafił widzieć w ciemnościach, zobaczyłbym przepełniony miłością i pełen troski wzrok starego człowieka. Spojrzenie z pytaniem w oczach.

– Dobrze – odpowiedziałem, zgadzając się. Nie zdawałem sobie wtedy sprawy z tego, co może to dla mnie oznaczać.

– Więc jutro nauczę cię posługiwać się tym. A to, wbrew pozorom, nie takie proste.

– Oj, chyba nie takie znów trudne!

– Zobaczysz. Sam się przekonasz i mi powiesz. Potem uprzątniemy stryszek i coś tam wykombinujemy! Myślę, że możesz się tym zainteresować. Zaciągnął się dymem. Pyknął fajkę trzy razy.

– Nie siedź za długo. Robi się zimno.

Nie wiedziałem, o czym mówił wcześniej. I kiedy go zapytałem, cicho odpowiedział tylko:

– Wszystko w swoim czasie, synku. Jutro pójdziesz do sklepu i kupisz to, co ci powiem. A teraz chodź spać i nie myśl już o tym! Poszedłem spać, jak kazał, lecz nadal nie mogłem zrozumieć, o czym mówił. Zasnąłem i kiedy się obudziłem, nie rozumiałem nadal. Budziłem się jeszcze wiele razy i wciąż nie rozumiałem. Musiałem jeszcze wiele razy wstawać z łóżka, zanim pojąłem. Setki razy, lecz wreszcie pojąłem, o czym mi tamtej nocy powiedział. Był bardzo mądrym człowiekiem i to, co zrobił, zapewne dobrze przemyślał. Nie była to mądrość okupiona doktoratem. Nie była to mądrość potwierdzona dyplomami, ale była to mądrość, której często brakuje tym, co kupują dyplomy i dostają doktoraty. Dla mnie nieświadomie nadał sens mojemu życiu na bardzo długi czas. Na całe życie. Zawszę będę mu za to wdzięczny! Szkoda, że teraz nie mogę wyjść z domu pod brzozę z nim po prostu porozmawiać! Jestem pewien, że tamtego wieczoru i tak ukradkiem spuszczał wino z gąsiora. Nie wiem tylko, czy po tym, jak dał mi aparat, czy wcześniej. Następnego ranka poszedłem do miasteczka, tam, gdzie powiedział. Kupiłem to, co napisał niezdarnie starymi rękoma na małej kartce. Błona 135, 36 klatek 24 ASA czarno-biały. Zupełnie nie wiedziałem, o co chodzi w tych wszystkich oznaczeniach, lecz w ciągu najbliższych kilkunastu dni poznałem je i wiele innych dziadkowych zaklęć. Dowiedziałem się, co to jest przysłona i jaki ma związek z migawką. Wiedziałem już, jak się ustawia ostrość i zwalnia samowyzwalacz. Patrzyłem na światłomierz i robiłem zdjęcia. Było to zupełnie inne, dla mnie nowe doświadczenie. Robiłem już wcześniej zdjęcia. Jak każdy. Lecz polegało to na przyłożeniu do oka aparatu i naciśnięciu guzika. Teraz było zupełnie inaczej. O wiele trudniej, przez to sprawiało mi to ogromną przyjemność. W ciągu kilku dni dziadek nauczył mnie wielu fotograficznych tajemnic. Nauczył mnie malowania światłem. Jakiś czas po tym, kiedy wiedziałem już, dlaczego robię niewyraźne albo czarne zdjęcia, uprzątnęliśmy z dziadkiem starą łazienkę na strychu. Nie wiedziałem, po co to robimy, ale w trakcie pracy powoli wszystko mi wyjaśnił. Zabrał mnie na strych. Było to właściwie całe piętro. Dla dziadka i babci wystarczył dół i parter domu, zatem nieczęsto tu zaglądali. Weszliśmy do łazienki, w której stało kilka starych pojemników, nazywanych przez dziadka kuwetami. Wstawiony był tutaj stary kredens, który pamiętałem jeszcze z czasów, kiedy stał na dole w kuchni, a babcia, dużo młodsza i sprawniejsza, krzątała się wokół, w swoim królestwie.

– Kiedyś to były meble – odrzekł dziadek z sentymentem, otwierając szafkę po naczyniach. Stały tam, spowite jedwabnymi nićmi pajęczyn przeróżne pojemniki i butelki o rozmaitych kształtach i wielkościach. Wszędzie były wielkie jak trzmiele pająki.

– Musimy tu chyba posprzątać?

– Masz rację – dziadek kiwnął głową, zgadzając się ze mną. Wzięliśmy się więc do pracy. I wkrótce było po wszystkim. Odpoczywaliśmy, a on mówił:

– To jest powiększalnik – wskazał dziwne urządzenie na stole, które przypominało wiertarkę zamontowaną na stałe, by wierciła w dół.

– Kolorowe pojemniki to kuwety – ciągnął dalej. – To właśnie w nich zobaczysz cud. Cud narodzin czegoś, co właśnie ty stworzyłeś!

Polecił mi wkręcić czerwoną żarówkę, zamknąć drzwi na klucz i zasłonić malutkie okno.

– Teraz nalej wody do kolejnych pojemników i patrz!

Wsadził termometr do wody i polecił mi odczytać wskazanie.

– Dwadzieścia dwa – odczytałem.

– Dużo – odparł z widocznym niezadowoleniem – ma być osiemnaście, poczekamy.

– Teraz jest dwadzieścia – powiedziałem, kiedy słupek obniżył się o dwie kreski.

– Teraz mieszaj.

Widziałem, jak uśmiechał się do mnie w czerwonej poświacie i wyglądał jak indiański szaman albo czarownik z amerykańskich, durnowatych filmów dla półgłówków. W łazience, która teraz stała się ciemnią, panował mrok, rozświetlany jedynie tą małą czerwonawą żarówką. Jakiś czas po tym, po szeregu niezrozumiałych czynności, których zawiłości na bieżąco mi objaśniał, włożył kartkę papieru do roztworu, który nosił nic mi wtedy niemówiące miano wywoływacza. Na moich oczach powoli zaczął się rodzić obraz. Obraz, który dzięki dziadkowej alchemii powołałem do życia. Po raz pierwszy w życiu namalowałem obraz światłem. Do końca wakacji chodziłem po okolicy i fotografowałem, co tylko się dało. Było to ogromnie spontaniczne, fascynujące! Kiedy wracałem, dziadek się tylko lekko uśmiechał, siedząc na ławce i paląc tę swoją nieodłączną fajkę. Co jakiś czas pokazywał mi nowe możliwości sprzętu, choć prawdę mówiąc, nie były zbyt imponujące. Wiedziałem już jednak, jak zrobić kilka zdjęć na jednej klatce i do czego służy statyw. Eksperymentowałem. Zużyłem dziesiątki rolek filmu, a dziadek wciąż tylko leciutko się uśmiechał. Zepsułem setki wspaniałych ujęć i doskonałych tematów. Wielokrotnie zrobiłem trzydzieści osiem lub czterdzieści zdjęć na jednej klatce, bo źle włożyłem film. O, ileż zmarnowałem klatek przez naświetlenie, prześwietlenie i niedoświetlenie. Te kadry, uśmiechy, zachody słońca, grzyby, drzewa, łzy i kocie sprawy, które bezpowrotnie straciłem. Widzę je teraz oczami wyobraźni jako najpiękniejsze, fascynujące i tak bardzo tęsknię, że je utraciłem na zawsze. Ale i one były potrzebne. Tak jak potrzebny jest płacz, poobijane łokcie i kolana, zanim się dziecko nauczy sztuki jazdy na rowerze. Myślę, że dziadek był zadowolony. Najbardziej z tego, że zapomniałem o swoich troskach. Ciekawe, bo może uśmiechał się, wiedząc, że wszczepił mi wirus. Wirus, który dał mi szczęście. Czasem wychodziłem do lasu lub nad rozlewiska Kamiennej, aby się wykąpać. Przychodził do mnie kolega, rówieśnik, Marcin. Znałem się z nim jeszcze z czasów, kiedy przyjeżdżałem tam jako zupełny dzieciak. Zresztą jego siostra też miała na imię Agnieszka. Tak jak moja Agnieszka, o mlecznych, perłowych włosach. Gdybym nosił w sobie takie uczucia jak Kain, Marcin zginąłby z moich rąk. Marcin był brunetem, a ja, niestety, nigdy się tak ciemnych włosów nie doczekałem. Kiedy mieliśmy po piętnaście lat, on miał 176 centymetrów wzrostu, a ja ledwie przekraczałem 160. Marcin był szybszy, silniejszy, sprawniejszy, lepiej grał w piłkę, celniej strzelał z wiatrówki. Nigdy nie śmiał się z moich kawałów. Ale mimo to opowiadałem mu je, aby mieć satysfakcję z tego, jak powstrzymywał śmiech, by okazać mi, jak bardzo mizernym żartem go właśnie zanudzam. Kiedy gdzieś wychodziłem, aparat brałem zawsze ze sobą, więc i tym razem też tak było. Wracaliśmy już do domów po udanej kąpieli, w powietrzu unosił się sierpniowy zapach zbliżającego się powoli wieczoru, słychać było w oddali kombajny w tym niezwykłym ferworze żniw. Rozmawialiśmy jak zwykle na jakiś frapujący nas temat. Nie pamiętam już. Samochody, motocykle? Dwóch jeszcze nie-studentów, idących zwykłą polną, szutrową drogą z lasu. Z daleka dolatywał cichy szum pociągu do Javornika, z kominów domów wolno unosił się dym.

– Słyszałeś? – nagle Marcin zapytał mnie i zatrzymał się, nasłuchując bardzo intensywnie czegoś, co prawdopodobnie usłyszał przed chwilą.

– Nie… a co miałem słyszeć?

– Cicho! – Marcin uciszył mnie stanowczo. I w tym momencie obaj już usłyszeliśmy leciutki, ledwo słyszalny… pisk? Skomlenie? Nie wiedząc, co słyszymy, zbliżaliśmy się do miejsca, skąd dochodził ten dźwięk. Tak, to było skomlenie. Po chwili obaj już wiedząc, że dźwięk dobiega z przydrożnego rowu, zastanawialiśmy się, co może go wydawać? Kilka sekund po tym cała zawartość mojego żołądka gwałtownie i wbrew mojej woli uniosła się do góry. Aż do gardła. Wywaliłem cały obiad do biosfery. W rowie leżał pies. Kudłaty, nierasowy, mały pies. Widziałem, jak szczerzy do nas białe kły, ale tylko tyle mógł zrobić; nieomal połowę jego tułowia pokrywały białe, tłuste robaki, które bezustannie się ruszały. Patrzył na nas wielkimi z cierpienia i bólu oczami. – Widzisz?... – zapytał cicho Marcin.

– Uhm... – odparłem, wycierając usta z wymiocin.

Pod rozerwanym brzuchem suki leżały martwe, jeszcze nie narodzone szczenięta. Na wpół zjedzone przez białe, wstrętne robaki!

– Musimy go zabić.

– Ja tego nie zrobię – odpowiedziałem. Popatrzył na mnie.

– Więc ja to muszę zrobić? Chryste, zaraz puszczę pawia jak ty.

– Ja tego nie zrobię – powtórzyłem z naciskiem.

Patrzyłem, jak spokojnie szukał odpowiednio dużego kamienia i nie mógł znaleźć, a mnie przyszło to z niebywałą łatwością. Kiedy znalazłem i podałem mu kamień do ręki, czułem się jak Ewa podająca rajski owoc Adamowi na chwilę przed spełnieniem się największej bajki świata. Szybko wyjąłem z plecaka mojego zenitha, naciągnąłem film, spojrzałem na światłomierz z prawej strony lustra i wycelowałem w psie oczy, nastawiwszy ostrość drżącymi dłońmi. Po chwili kamień upadł na to biedne zwierzę, które pamiętam do dziś.

– Pewnie potrąciło go auto.

– Tak, to jedyna możliwość. Ciekawe, ile tak leżał?

– Kilka dni, może dwa albo pięć... – odpowiedział Marcin po chwili namysłu.

– Męczyłby się tylko – odparłem.

– Uhm...

Do samego domu nie odezwaliśmy się do siebie ani słowem. Każdy z nas o czymś myślał. Po tym wydarzeniu długo zastanawiałem się, aż wreszcie powiedziałem o tym psie dziadkowi. Czy jest to szukanie dobrego ujęcia kosztem cierpienia tego zwierzęcia, tej istoty? Czułem się dziwnie. Nie wiedziałem, dlaczego zrobiłem tę fotografię, i nie umiałem odpowiedzieć na Marcina pytanie.

– Po co marnujesz kliszę na takie głupie zdjęcia?

Opowiedziałem o tym dziadkowi dokładnie. Wysłuchał mnie spokojnie, po czym zapytał:

– A co zrobiłbyś teraz?

Pomyślałem, by po chwili uśmiechnąć się do dziadka i swoich myśli. Przecież nic innego nie pozostało. Każda chwila dla tego psa była bezsensowną męczarnią. Nie można było pomóc inaczej, jak tylko przerywając jego cierpienie.

– Takie jest życie, synu. Więc kiedy wchodzimy do ciemni?

Siedziałem prawie w całkowitych ciemnościach, rozświetlonych jedynie mdłym światełkiem czerwonej żarówki. Przed moimi oczami z wolna ukazywały się rajobrazy, twarze bliskich i zupełnie nieznanych mi osób, wydarzenia i sytuacje. Była to przepiękna chwila. Tylko ja i moje czary. Miało to coś z mistycyzmu. Czułem się jak czarownik w swojej pracowni na wieży kamiennego zamku. Wreszcie do wywoływacza włożyłem papier, na którym miało powstać to zdjęcie. Moim oczom powoli ukazywał się niewyraźny kształt. Szczegóły poczęły wydobywać się z niebytu. Widziałem już oczy. Miały w sobie przeogromny ładunek cierpienia, żalu za odchodzącym życiem, strachu przed śmiercią i wdzięczność. Wdzięczność za zatrzymanie bólu. I jeszcze coś. Ogromną chęć do życia. Nawet na sekundę przed śmiercią. Następnego tygodnia moje wakacje u dziadków dobiegły końca. Kiedy ojciec przestał już się dziwić mojej zmianie, mogłem spokojnie porozmawiać z dziadkiem. Usiadłem pod brzozą obok niego i zaczęliśmy z sobą rozmawiać. Dziadek zapytał mnie o najlepszą fotografię.

– Wiesz już, które?

– Nie, jeszcze się waham. Mam tu kilka. Wszystkie są dobre – nie wiem – może to z Marcinem?

– Wybrałbyś je jako najlepsze?

– Nie, chyba nie – odparłem.

– Więc możesz je odłożyć. Chociaż czekaj, jest dobre, podoba mi się – i wziął fotografię do ręki, by przyjrzeć się jej bliżej.

– To, uważam, że jest udane – i podałem mu nastrojowy obraz unoszących się nad taflą jeziora porannych mgieł o piątej nad ranem.

– No, możesz być z siebie dumny. Nauka nie poszła w las! – odrzekł, poprawiając okulary.

– Ale zaczekaj – zawahałem się. – Prawdę mówiąc, wybrałem już chyba zdjęcie. Podałem mu wizerunek umierającego psa. Tego psa. Z wielkimi, przerażonymi oczyma, wpatrującymi się w straszną przyszłość.

– Jestem pewien. To na pewno to zdjęcie.

Patrzył dłuższą chwilę. Potem zapytał innym głosem, poważnym, bez cienia żartu:

– Dlaczego właśnie to?

– Nie wiem do końca. Chyba dlatego, że ono oddaje dokładnie to, co czułem ja i co czuło to zwierzę, ta istota. Ono nie potrzebuje opisu, tytułu. Ono mówi, przemawia do mnie i do tych, którzy je oglądają. To zdjęcie jest chwilą, jest historią… Ono nie jest z tych, które nie znaczy nic jak jakaś pocztówka z fontanną Trytona. To zdjęcie jest wyjątkowe. Budzi we mnie największe emocje.

– Aparat jest twój!

Internat

Teraz już wiem, że było to pierwsze dobre zdjęcie, które zrobiłem. Pozostało na długie lata w mojej pamięci jako wzór. Stało się wyznacznikiem zawodowej drogi. Odcisnęło piętno na całym moim życiu. I jednocześnie zmieniło mnie na długie lata. Wkrótce po tym robiłem coraz bardziej udane fotki. Poważnie myślałem o przyszłości z obiektywem. Pozostała jeszcze klasa maturalna.

A podczas tego roku miało się wiele jeszcze wydarzyć. W internacie z mojej klasy pozostała już tylko Monika. I ja. Nie przepadaliśmy za sobą. Mniej więcej tak samo, jak kot nie przepada za psem.

Jak to w Polsce mówią – w ciasnej ulicy. Była piękną dziewczyną. Podobała się chyba każdemu chłopakowi. I każdy o niej mówił to samo: ależ ona jest głupia. Chyba była bardziej od nas po prostu dorosła. Albo nikt z tych, którzy o niej tak mówili, nie rozumiał jej. Nie byłem wyjątkiem. Przychodziłem już wcześniej do niej, kiedy potrzebowałem na przykład zeszytu albo książki. Nie rozmawialiśmy zbyt wiele, więc na dobrą sprawę nie znaliśmy się. Byliśmy jedynymi przedstawicielami naszej klasy w internacie, więc nasze stosunki skądinąd układały się wyjątkowo poprawnie. Dyplomatycznie. Poszedłem do niej pewnego wrześniowego popołudnia po zeszyt. Jak zwykle. Odtąd jednak nic już nie było jak zawsze. Jak zwykle siedziała przy biurku.

– Co robisz? – zapytałem. Podniosła oczy znad kartonu.

– A jak myślisz, Sherlocku? Podpowiem ci, mam kilka ołówków i karton, no i gumkę, ale... rzadko jej używam. I nie jest to taka gumka, o której myślisz!

– A ja czytałem gdzieś, że największym zboczeniem jest powstrzymywanie się od miłości! – Watsonie. Roześmiała się pięknie i już zupełnie normalnie odpowiedziała:

– Tak, nawet wiem, gdzie to wyczytałeś.

– Tak? To bardzo ciekawe. A gdzie?

– W tych Playboyach, które chowacie pod poduszką. Zaśmiałem się, przypomniałem sobie, że Sfinks czytał kiedyś Playboya, kiedy do mnie przyszła. Pewnie stąd przyszło jej to do głowy. Zrobiła triumfującą minę, dając sygnał, że tę słowną potyczkę wygrała ona, i całkiem normalnie odpowiedziała już na moje pytanie:

– Rysuję sobie. Czasem tak robię, kiedy jestem sama.

– Lubisz rysować?

– Tak, bardzo. Jak mam dużo czasu w domu, to wyjmuję też farby i maluję.

– Biedne ściany – zażartowałem. Na jej ustach pojawił się znów uśmiech, choć żart był płytki i durny jak wszystkie żarciki dwudziestolatków.

– Ja robię zdjęcia.

– Pokażesz mi kiedyś?

– Najpierw ty pokaż mi swoje dzieła!

– Dobrze, proszę bardzo – wyjęła z szuflady kilka kartek i rzuciła na łóżko. – Oglądaj! – odparła prowokująco. Na dużych, twardych kartkach papieru z bloku rysunkowego były narysowane ołówkiem różne obrazy. Niektóre niedokończone, były tylko ledwie rozpoczętymi szkicami. W większości były to twarze, dłonie, przedmioty. Wiele z nich autentycznie mi się podobało. Były bardzo dobre. Ołówkiem można wyczarować piękne rysunki – pomyślałem w głębi i odparłem, aby ją rozeźlić:

– Aaaaleeee lipa... czemu są niedokończone? – Po czym dodałem już zgodnie z prawdą:

– Nie wiedziałem, że tak dobrze malujesz.

Nawet teraz, kiedy poczuła się lekko zawstydzona, nadal była przytomna!

– Rysujesz. Ołówkiem się rysuje, a farbami maluje, rozumiesz?

– Żebyś taka mądra zawsze była – zażartowałem sobie znów, a ona znów się nastroszyła. Nie musiała mi nic wyjaśniać, doskonale znałem różnicę. Pomyliłem się po prostu. Z przyjemnością mi o tym przypomniała. – Na drugie mam Weronika, o tym też nie wiedziałeś, cwaniaczku?

– Nie, nie wiedziałem... cwaniaro.

Uśmiechnąłem się, szykując się do wyjścia. Wziąłem jeszcze zeszyt do polskiego, po który do niej przyszedłem, i odparłem, odchodząc:

– Jak go przepiszę, zaraz ci go przyniosę. Mogę przyjść w nocy? – I wyszedłem, zamykając drzwi pokoju numer 133.

– Nie zapomnij o zdjęciach – wrzasnęła, kiedy byłem już na korytarzu.

– W porządku – odpowiedziałem cicho.

Schodziłem po schodach w wyśmienitym nastroju i tego wieczoru poczułem pierwszy raz, że naprawdę można by ją polubić. Wkrótce znów do niej przyszedłem. Tym razem, aby pokazać swoje fotki i oddać zeszyt. Później już tylko, by porozmawiać. Przychodziłem częściej. Mój zeszyt z polskiego wyglądał doskonale i coraz częściej był na bieżąco uzupełniany, co zauważyła nawet pani Wiesława, nie kryjąc zadowolenia zresztą. Monika nie była wcale głupia, tyle tylko, że nie każdy potrafił ją zrozumieć. A ci, którym nie pozwalała się zrozumieć, szybko stwierdzali, że jest głupia, bo tak było znacznie prościej. Zaprzyjaźniliśmy się. Kiedy przychodziłem do niej, zawsze siadała na krześle przy biurku, potem kładła się obok mnie na łóżku. Nim minął październik, zrozumiałem, że czuję do niej ogromne pożądanie. Niezwykle silne, samcze uczucie. Postanowiłem dłużej nie trzymać tego w sobie i powiedzieć jej o tym wprost! Jednak to nie ja rozdawałem karty, rozdawał je los. Przeznaczenie.

Tego dnia przyszła do mnie około godziny dwudziestej pierwszej, wracając z sali gimnastycznej, gdzie trenowała aerobik. Usiadła na łóżku i powiedziała:

– Przyjdź do mnie, Arturku za chwilę. Pomożesz mi w czymś.

– W czym?

– Nic się nie martw. To nic strasznego.

W jej oczach dostrzegłem coś dziwnego, czego nie potrafiłem określić. Poszedłem... i to była decyzja, która zaważyła na naszych... stosunkach?

W jej pokoju paliła się tylko lampka przy łóżku. Obok stała mała zapachowa świeczka. W powietrzu unosił się delikatny aromat indyjskich kadzidełek. W radiu grała cicho muzyka, Chris de Burg śpiewał swoje *Lady in red*. Poczułem niepokój przed czymś, co mnie właśnie spotykało. Kiedy oczy przyzwyczaiły się już do ciemności, zobaczyłem ją leżącą w łóżku. Powiedziała cicho i zupełnie niepodobnym do niej głosem:

– Chodź, jestem bardzo zmęczona, grałyśmy. Ziewnęła przeciągle – bolą mnie wszystkie mięśnie. Zrób swojej najlepszej koleżance masaż. Zrobisz? Aha... i przekręć klucz, proszę.

Patrzyłem na nią. Nie wiedziałem, co mam powiedzieć, co mam zrobić. Czułem, że to tylko mistyfikacja, zasłona przed czymś zupełnie innym. Odpowiedziałem więc, uśmiechając się, pytaniem:

– A co będę miał z tego ja?

Wstała. Patrząc na mnie bez cienia żartu, poważnym tonem odparła:

– Zamknij drzwi!

Przekręciłem klucz w zamku. Spojrzałem na nią. Patrzyła tym samym świdrującym mnie wzrokiem. Siedziała na łóżku z ugiętymi nogami, w rozkroku, na piętach. Jej kręcone włosy opadały na ramiona i zsuwały się jeszcze niżej. Białą bawełnianą koszulkę z flagą Zjednoczonego Królestwa wypinał zgrabny biuścik. Nagle skrzyżowała ręce przed sobą. Chwyciła koszulkę i po prostu zdjęła ją! Ciągle patrząc na mnie, w białym koronkowym staniku i spodenkach, wskazała stojący na szafeczce olejek do ciała.

– Weź to i chodź.

Położyła się na brzuchu. Podszedłem do niej. Ubrana w białego triumpha i czarne, obcisłe, skąpe spodenki stanowiła dla mnie zagadkę. Nigdy nie widziałem jej tak ubranej. Usiadłem na niej okrakiem, jej nogi znalazły się pomiędzy moimi. Miałem przed sobą przepiękne, opalone ciało.

Odsłoniłem czarne, jeszcze wilgotne po prysznicu i pachnące szamponem włosy z jej karku i zająłem się stanikiem. Nie szło mi to za dobrze i szczerze mówiąc, nigdy się tego nie nauczyłem porządnie. Jest to bowiem jedna z tych rzeczy, które mi imponują u kobiet do dziś. Jestem pewien, że zapięcie z tyłu stanika wymyśliła kobieta, która na pewno nie miała prawa jazdy.

– O, już czas, aby się tego nauczyć, jesteś przecież dużym chłopcem – i szybko odpięła zamek sama.

Dotknąłem brązowej od letniej opalenizny skóry jej pleców. Rozlałem odrobinę olejku na dłoń i delikatnymi, kolistymi ruchami rozprowadzałem po jej ciele. Cichutko westchnęła i od tej chwili co jakiś czas wydawała z siebie głosy, które przywodziły mi na myśl mruczącą z zadowolenia kotkę. Po kilku minutach masażu już znałem dokładnie topografię jej pleców. Mój masaż miał polegać oczywiście z definicji na masowaniu, lecz w tej chwili już nie masowałem jej, ale głaskałem. Miałem zamknięte oczy, ona zresztą też. Podniecałem się coraz silniej. Moje śliskie od olejku dłonie wędrowały na boki jej gorącego ciała. Kiedy przesuwałem dłonie ku jej piersiom, niby ciągle wykonując masaż, który miał ją odprężyć, ona unosiła się delikatnie, tak bym mógł sięgnąć głębiej. Pochyliłem się nad nią i ustami, najdelikatniej jak tylko potrafiłem, musnąłem jej skórę. Jak skrzydełkiem motyla, jak piórkiem. Czekałem…, ale milczenie stało się przyzwoleniem. Tym razem troszeczkę mocniej, jednak wciąż tylko subtelną mgiełką oddechu całowałem czekoladową skórę.

Po chwili, kiedy przesunąłem usta w okolicę szyi, pojąłem, że jej oddech lekko przyśpieszył i wyraźnie stał się płytszy. Odsunąłem jej włosy z karku i całowałem delikatnie dolną wargą szyję. Z zamkniętymi oczami odsuwała głowę tak, abym mógł dosięgnąć lekko rozsuniętych warg.

Słyszałem teraz dokładnie jej oddech. Położyłem się obok niej. Spojrzałem na jej twarz, twarz anioła, i przymknąłem oczy. Po chwili poczułem na swoich wargach jej delikatne usta. Tylko kilka dziesiętnych sekundy i znów spojrzała na mnie. Znów nasze wargi zwarły się w miłosnym uścisku. Wirował świat.

Kiedy kolejny raz otworzyłem oczy, patrzyła na mnie dokładnie w ten sam sposób jak wtedy, gdy wszedłem do jej pokoju. Rozumiałem już słowa, jej spojrzenia, a ona moje. Pożądanie. Tak, to było pożądanie!

Patrzyliśmy na siebie onieśmieleni i niemi w swym podnieceniu, smakując ten odcień miłości, jakim jest namiętność. Patrzyłem na jej mokre usta i widziałem na nich wilgoć własnej śliny. Pocałunki stały się odważniejsze, a usta coraz bardziej chciwe. Olśniła mnie pięknem swojego ciała. Była tak cudna, jak najpiękniejsza z moich marzeń Nimfa, w każdym calu doskonała. Dotykałem jej piersi i cały świat dla mnie nie istniał. Nie istniał dla nas, byliśmy pochłonięci sobą, pochłonięci pożądaniem. Razem budowaliśmy naszą historię zakazanego owocu. Moja dolna warga wspinała się na maleńki, sterczący guziczek jej sutka. Jej oddech był dla mnie już zupełnie jasny. Najpiękniej jak tylko mogłem sobie to wyobrazić, wtapiał się w tło płynących z głośników słów piosenki:

Tak, przyszła dziewczyna, śniłem, czy też była to jawa, ziemia znów zielona była i niebo tak niebieskie jak dawniej.

– Słyszałaś kiedyś tę piosenkę?

Jest w niej wszystko to, co jest w muzyce rockowej. Ten utwór jest jak świętość, bowiem jest to coś doskonałego. Nuty płyną tak piękną melodią, jaką tylko mógł człowiek stworzyć. Jest miłość i spokój. Jest radość i smutek. Organy wydają z siebie dźwięki niczym w świątyni rocka.

Potem, w refrenie, muzyka uderza w ciebie takim zestawieniem dźwięku i wokalu, jaki można usłyszeć tylko chyba jeszcze podczas lipcowej burzy. A jeśli posiadłeś tę jedną z nieprawdopodobnych zdolności i rozumiesz, o czym śpiewają ci Węgrzy – zrozumiesz, czym jest Győngyhajú Lány i będziesz wiedziała, jak bardzo dzika była moja miłość do tej dziewczyny.

Dzika jak dziewczyna, która nosi we włosach słońce. Kiedy nasze grzeszne uściski ostudził cichutkim piknięciem leżący na stoliku bezwzględny zegarek, popatrzyłem w jej brązowe oczy. Wiedziałem, że muszę już iść. Powiedziała tylko:

– Przyjdź po jedenastej. Będę na ciebie czekała.

Otworzyłem drzwi. Szybko wróciłem do swojego pokoju, napotykając po drodze karcący wzrok internatowego wychowawcy, pana Jerzego.

Doskonale wiedziałem, jak wszyscy „starzy" mieszkańcy internatu, że dzisiejsza noc dla niego nie będzie inną od pozostałych i że Koniu, bo tak go nazywaliśmy, przed jedenastą zamknie drzwi od swojego gabinetu. Jeśli będzie cicho, nie wyjdzie z niego do rana.

Kiedy się już wykąpałem, stało się tak, jak przewidywałem. Koniu sprawdził, czy leżymy w łóżkach, zgasił światło i poszedł spać. Moi koledzy z pokoju też szybciutko zapadli w sen. Kiedy już byłem zupełnie pewny, że wszyscy śpią, wymknąłem się z pokoju.

Dochodziła dwudziesta druga trzydzieści. Stanąłem przed pokojem numer 133. Serce biło tak głośno, jakbym przebiegł właśnie czterysta metrów przez płotki. Nie wiedziałem tylko, czego tak bardzo się bałem. Tego, że mnie złapią na żeńskim piętrze, czy może tego, co mnie czeka za tymi drzwiami?

Nie wiem dotąd.

Powiedziałem sobie, by dodać otuchy, że lepiej jest żałować, że się coś zrobiło, niż tego, że czegoś się nie zrobiło! Zapukałem najcisiej jak tylko umiałem, i wszedłem. Drzwi lekko skrzypnęły. Strach i gotujący się w nadnerczach testosteron jak pudło gitary mnożyły ten dźwięk, przeistaczając go w ogromny hałas.

W jej pokoju panowała zupełna ciemność. Współlokatorka była chora, więc Monika miała wolną chatę. Przekręciłem klucz. Czekałem, aż oczy przywykną do mroku. Nim zdążyły, usłyszałem miękki głos:

– Już myślałam, że nie przyjdziesz. Wiesz, że chyba bym cię zabiła?

Byłaby to pierwsza zbrodnia z miłości w tym internacie. Pierwsza w ogóle. Wstała z łóżka. Wnioskowałem po odgłosach, bo nadal byłem ślepy jak kret. Podeszła do mnie. Stanęła naprzeciw. Objęła. Poczułem jej dłonie na ramionach.

– Zdejmij to!

Szybkim ruchem zdjęła moją koszulkę. Oczy przyzwyczaiły się do ciemności. Miałem na sobie tylko skąpe sportowe szorty. Pocałowała mnie w usta. Jej dłonie błądziły po moim ciele, wędrowały na ramionach, na plecach, na szyi. Poczułem, jak palce wślizgują się pod pasek spodenek. Patrząc na mnie, powoli je zdjęła. Stała ode mnie dwadzieścia centymetrów w tylko białych majtkach. Po chwili zrobiła krok w tył, ujęła je długimi palcami i zdjęła tę ostatnią część bielizny. Stała teraz przede mną jak Ewa, a ja przy niej byłem jej Adamem. Dotknęła cudownie chłodnymi rękoma mojej dłoni, tak jak matka prowadzi syna pierwszego dnia do przedszkola, i poprowadziła nas do łóżka.

– Chodź – szepnęła mi cicho do ucha. – Nie bój się.

Położyliśmy się obok siebie. Wplotła nogę w moje nogi, tak jak czynić zwykli to tylko kochankowie. Leżeliśmy tak, patrząc na siebie, nic nie mówiąc, ciesząc się bliskością naszych ciał. Leżała obok mnie kobieta tak piękna, jakby wyjęta prosto spod dłuta greckiego rzeźbiarza, Wenus, Afrodyta. Monika!

Kiedy nasze usta się spotkały, teraz były już spokojne jak liście wierzby letniego, bezwietrznego wieczoru. Cisza, zupełny bezruch – smakowały się powoli, wzajemnie się poznając, by nie uronić ani jednego tchnienia.

Obejmowały się coraz silniej, głębiej. Z rozgrzanych ciał kipiało erotyką. Czułem jej suteczki na własnych piersiach przy każdym najmniejszym ruchu jej wspaniałego ciała. Drobne, nagie wiło się w moich objęciach, pochylało się w różne strony pod teraz zbędną, gorącą pościelą.

Monika była jak trzcina na wietrze. Smukła, wiotka, a jej jedwabiste włosy muskały moją skórę. Nawet, kiedy na mnie usiadła. Czułem jej usta na piersiach i brzuchu, dotykałem jej mokrej od potu skóry. Wystarczyła wtedy tylko iskra, by nastąpił pożar, choć właśnie rozgorzał płomień, którego nic już nie było w stanie ugasić. Był to ogień pożądania. Teraz płonął jasno i mocno.

Leżeliśmy potem, wtuleni w siebie jak kociaki zaraz po urodzeniu, kiedy są jeszcze zupełnie ślepe i nie znają okropności świata. Sen ogarniał mnie powoli, zasnuwając oczy mgiełką ułudy. Moja kochanka leżała obok, wspierając cudną główkę na moim ramieniu jak na poduszce.

Spała na moim skrzydle. Morfeusz już dawno wziął ją w swoje senne ramiona, a ja, ja nie byłem o nią zazdrosny. Byłem szczęśliwy. Byłem najszczęśliwszym człowiekiem na ziemi. Byłem z kobietą, byłem z nią, z moją... z moją M. Nic innego nie było ważne, bo nie może ważne być coś, czego nie ma, coś, co nie istnieje, a świat poza nią przecież nie istniał.

Byliśmy tylko my, my w raju. I była tylko muzyka wokół nas. Śpij, nocą śnij, niech zły sen cię nigdy więcej nie obudzi, teraz śpij...

Niech dobry Bóg, zawsze cię za rękę trzyma, kiedy ciemny wiatr porywa spokój, siejąc smutek i zwątpienie, pamiętaj, że... Jak na deszczu łza, cały ten Świat nie znaczy nic, nic. Chwila, która trwa, może być najlepszą z Twoich chwil... Jak na deszczu łza, cały ten Świat nie znaczy nic?... a nic. Chwila, która trwa, może być najlepszą z Twoich chwil...

Następne dni po pierwszej wspólnie spędzonej nocy przyniosły oczywistą zmianę naszych zachowań wobec siebie. Przebywaliśmy z sobą bardzo często. Na lekcjach siadaliśmy w jednej ławce i zupełnie nieistotne dla nas było, czego lekcja dotyczy. Nam lekcje dawało życie, lecz my nie byliśmy tego świadomi. Cieszyliśmy się tym, co mieliśmy. Mieliśmy bardzo dużo... siebie. Czasem zrywaliśmy się z lekcji i lądowaliśmy razem w łóżku, by choć chwilę być razem, by być z sobą.

Potem przyszła zima. Dni bardzo szybko biegły, a co bystrzejsi ludzie z naszej klasy – na szczęście nie było ich zbyt wielu – orientowali się, co nas łączy. Staraliśmy się to trzymać w możliwie największej tajemnicy. Oczy jednak nie kłamią nigdy i to one nas zdradzały. Wiedzieliśmy o tym. Szepty do ucha na lekcjach. Tajemnicze znikanie na całe godziny, dnie, noce. Uśmiechy, liściki i dotyk poza naszą kontrolą.

Wreszcie biodra zbyt blisko siebie, kiedy staliśmy razem. Zbyt blisko jak na zwykłych tylko kolegów. Zbyt blisko nawet jak na bardzo dobrych przyjaciół.

Kiedyś, po jakiejś imprezie wróciliśmy do pokoju. Był weekend, w internacie nie było żywej duszy. Opadliśmy na łóżko. Miała ułożoną misternie fryzurę, we włosach wpięte dwadzieścia siedem wsuwek. Kiedy całując ją, wyjmowałem je, jednocześnie się śmiejąc, jedna upadła mi za łóżko. Znalazłem ją tam wtedy i mam ją do dziś.

– To ta.

Tutaj Artur uniósł szklankę na wysokość oczu. Spojrzał na jej zawartość. W szklance był lód, wódka, a na jej dnie przesuwała się mała wsuwka. Uśmiechnął się smutno i kontynuował swoją opowieść.

Kiedy dowiedziała się, że mam ją i trzymam w charakterze, nie wiem – talizmanu, pamiątki – podarowała mi mały amulet, aby mi przynosił szczęście. Wierzę głęboko do dziś, że je przynosi. Ale mnie nie przyniósł. Ani wtedy, ani nigdy potem. To był mały, kryształowy słonik. Stoi tam na półce.

W połowie grudnia się pokłóciliśmy, o bzdurę. Wytrzymałem bez niej tydzień. Potem zrozumiałem, że to, co do niej czuję, to nie tylko pożądanie. Zrozumiałem, że ją kocham.

Osiemnasty dzień grudnia tego roku był dla mnie jednym z tych szczególnych dni, w których dzieje się tak wiele. Chciałem, abyśmy się spotkali gdzieś „na mieście". Chciałem porozmawiać. Odetchnąć od internatu. Tęskniłem młodzieńczą miłością. Włożyłem pod jej drzwi liścik.

Droga Mo! Proszę Cię, bądź dziś „Pod Arkadami". Będę na Ciebie czekał o 18. Przyjdź, mam kilka słów dla Ciebie, które musisz usłyszeć! Twój Art.

Nie przyszła.

Zapamiętałem ten dzień na bardzo długo. Wracałem, nie wiedząc, co wokół mnie się dzieje. Szedłem ulicą i cały brudny świat się sprzysiągł przeciwko mnie. Wlokłem się z opuszczoną głową, wpatrując się w kostkę brukową i brudne, jesienne śmieci na chodniku, jak przetrącony w locie ptak. Pamiętam mocno padający wielkimi grubymi płatkami pierwszy śnieg. Kiedy wróciłem już do swojego pokoju, piątkowy wieczór dobiegał końca. Stanąłem przy oknie. Patrzyłem bezmyślnie w okno. Noc spowijała już cały Wrocław. Park przed internatem był tylko wielką, czarną plamą. Spojrzałem na stolik. Piętnaście wspaniałych, krwistoczerwonych róż leżało niepotrzebnie, smutnie, jakby wiedziały, że teraz już nie są potrzebne. Niepodarowane nic nie dają. Nic nie znaczą. Przypominały, że bez niej będę umierał, jak one umrą bez wody. Ogarniała mnie wściekłość.

– Kurwa mać! – wrzasnąłem. Pomyślałem, że jestem kretynem. Otworzyłem szybko okno i chwyciłem bukiet, by go wyrzucić. W chwili, kiedy je wyrzucałem, otworzyły się drzwi i ktoś wszedł do pokoju.

– Stary, nie drzyj ryja, bo cię kierownik sczapi i będziemy mieli dym. Nie można było w zasadzie zostawać na weekend w internacie. Ja mogłem, bo daleko mieszkałem, ale kolega, który wszedł, z pewnością

24

nie. Widywaliśmy się dosyć często. Mandaryn, bo taką miał ksywkę, niedawno zamieszkał na naszym piętrze. Choć był starszy o trzy lata, chodziliśmy do równoległych klas.

– Nie zawsze mi się układało z belframi – było jego odpowiedzią, na pytanie o powód. Albo: – Właściwie nigdy nie pozwoliłem, aby szkoła przeszkodziła w moim kształceniu.

Mandaryn miał w sobie coś, czego mnie brakowało. Rzeczywiście był mądry – potrafił wypowiadać zdania niczym Platon, Arystoteles czy Sokrates. Niestety, jego intelektualne piękno nie szło w parze z zewnętrznym. Ostatnią rzeczą, którą można o nim powiedzieć, było to, że jest przystojny. Rzeczywiście, nie wyglądał jak Leonardo Di Caprio i chyba bardziej przypominał Leonarda da Vinci. Sam nie wiedział, czemu zawdzięczał swoją owocową ksywkę. Bezsprzecznie był oryginalny, wyjątkowy, a potem, kiedy się już z nim zaprzyjaźniłem, okazało się, że jest także takim ewenementem na skalę światową. Zainteresowałby się nim z pewnością sam Karol Darwin. Oczywiście był to nasz żart. Mandaryn był niski i miał bardzo dużą głowę, zapewne więc dlatego był tak bardzo inteligentny. Jej wielkość w zestawieniu z ogólnie wybitnie krępą budową ciała powodowała wrażenie braku szyi. Więc wymyśliliśmy, że spośród wszystkich ssaków od żyrafy do szczura, przez rzesze tygrysów, pum, jaguarów, zebr i nawet wielorybów, on jeden miał mniej niż siedem kręgów szyjnych. – Co jest – zapytał – lekko się chyba wpieniłeś?

– No, lekko, kurwa, tak!

– A co się stało?

– Gówno się stało. Wypierdoliłem sobie, stary, za okno bukiet róż.

Mandaryn podszedł do okna. Popatrzył w dół za parapet. Potem spojrzał na mnie krzywo, pokiwał głową i odparł.

– No to, gościu, mów od razu. Sorry. Opowiadaj, co to za akcja?

I zaczęliśmy rozmowę. Stojąc przy ciepłym kaloryferze, za oknem padał śnieg, a my rozmawialiśmy. Była to taka znajomość, w której widuje się kogoś codziennie i rozmawia z nim czasem, ale nagle okazuje się, że nie znało się tego człowieka. Wtedy przychodzi nam tylko żałować wszystkich tych dni, których razem nie spędziliśmy. Tych dni, o których pewnie śpiewał Grechuta. Jest to zwykle czas, w którym się tego człowieka po raz pierwszy bliżej poznaje.

Mandaryn wysłuchawszy moich kilku zdań, zaprosił mnie do siebie.

– Chodź, stary, mam u siebie piwo, napijemy się – zaproponował z uśmiechem. I poszliśmy. Otworzyliśmy puszki i popijając, rozmawialiśmy o różnych sprawach. O tym, skąd jesteśmy. O szkole i innych duperelach.

Jego pokój miał swój styl. Oczywiście bywałem tam wcześniej. Mieszkając w internacie, w końcu bywa się wszędzie. Jego zaś odwiedzałem sporadycznie. Jeśli już, to tylko na chwilę. Niski stolik, jakieś przedmioty, no i zdjęcia na ścianach. Całe szafki oklejone zdjęciami, wycinkami z gazet. Niektóre mnie zainteresowały. Jakieś egzotycznie wyglądające krajobrazy, starzy, pomarszczeni, ciemnoskórzy ludzie i liście. Oglądałem, a Mandaryn manipulował przy czymś. Po podłodze spod niskiego stolika wysunął zieloną, drewnianą skrzynkę na granaty. Popatrzył na mnie i podał mi wielkiego skręta.

– Masz. Widzę, że się lekko zdołowałeś, Czarny Lolek dobrze robi!

– Czarne co?

– Nie pytaj, zaraz ci powiem. Paliłeś to już kiedyś?

Byłem lekko zaskoczony. Wielokrotnie, odkąd skończyłem trenować, paliłem papierosy, ale...

– Zapal sobie, poczujesz się lepiej.

Dlaczego nie? – pomyślałem. W końcu miałem okropny nastrój. Z Mandarynem było mi trochę lepiej, więc odpowiedziałem:

– Nie, nigdy, nawet nie wiem, co to jest i jak to się pali.

– Niczym się nie przejmuj, włożysz do ust, ja ci przypalę. Wciągnij dym do płuc tak jak papierosa, z tą różnicą, że nie wypuszczaj dymu od razu. Łapiesz?

– Czy to coś z człowiekiem robi?

– Nieważne, zaciągnij się. Wszystko ci powiem – poinstruował najdokładniej jak mógł. Podpalił. Zaciągnąłem się. I zaraz z wielkim kaszlem wypuściłem dym z powrotem. W powietrzu rozniósł się dziwny zapach. Wydał mi się skądś znajomy. Tak, czasem, kiedy wracałem nocą, w łazience, tak właśnie pachniało. Kaszlałem jeszcze, kiedy on kończył się ze mnie śmiać. Zapalił. Potem zrobiłem to raz jeszcze i jeszcze raz. Mandaryn ciągle się śmiał, a ja nie czułem nic. Kiedy się śmiał, jego krótka bezkręgowa szyja robiła się jednak jeszcze krótsza.

W pewnym momencie moja twarz roześmiała się, choć wcale tego nie chciałem. Działo się coś, czego nie potrafiłem nazwać. Wspaniałe, dziwne i bardzo metafizyczne. Chciało mi się śmiać. Bawiło mnie wszystko. Mandaryn mówił, a ja nie rozumiałem.

– Słuchaj – jeśli będzie ci trochę lepiej, nawet niewiele lepiej, ale lepiej, to i tak będzie zajebiście. Rozumiesz, co do ciebie rozmawiam?

A mnie śmieszyło wszystko. Było wspaniale! Zapytałem, co to było, co zapaliłem, wskazując skręta trzymanego w trzech palcach.

– To jest moja miłość, stary, kocham ją, to jest trawa, marihuana, ganja, grass! – odparł podekscytowany i zapewne też już upalony.

Siedziałem wtedy u niego ze trzy godziny. Gadaliśmy i śmialiśmy się. Zapomniałem o wszystkim, co tego parszywego przecież dnia mnie spotkało. Kiedy rano wstałem, wszystko wróciło. Dodatkowo bolała mnie głowa. Podszedłem do okna i spojrzałem na róże. Były tam. Patrzyłem na rozsypane kwiaty. Leżały przysypane warstewką świeżego śniegu. Znów było mi źle. Myślałem o niej. O mojej Mo. Nic nie rozumiałem. Wyszedłem, włóczyłem się bez celu po mieście i myślałem o niej. Przystanąłem nad Odrą, a gawrony w powietrzu śmiały się ze mnie; kiedy zrobiło się naprawdę zimno, wróciłem do pokoju.

Znów spotkałem się z nim. Powtórzyliśmy nasz seans. Nie wiem, dlaczego, ale miłość Mandaryna nie stała się nigdy moją miłością. Kilka lat po skończeniu szkoły wszyscy zapomnieli o nim. Nikt nie wiedział, co z nim. Czy w ogóle żyje. Nie wiedziałem tego i ja przez wiele lat. Potem, kiedy już wiedziałem, pojąłem jak bardzo głupi jest ten kraj. Tak bardzo było mi go żal.

Jako pół-Polak, pół-Czech widziałem Polskę i Polaków zupełnie inaczej. Oni zawsze śmiali się z Czechów, wymyślając durne dowcipy. Czując przy tym wyższość nad Czechami, spowodowaną chyba tylko tym, że są liczniejszym narodem. Drażniły mnie idiotyczne kawały, jak niby jest po czesku zając albo gołąb. Przekonanie, że nasze języki są bardzo podobne, śmieszyło mnie. Z dziką satysfakcją zadawałem takim dupkom pytania, co znaczą słowa kvetak, sklep czy lustr. Zacofanie kulturalne i mentalne, powierzchowna pobożność zestawiona ze wszystkimi polskimi wadami były przytłaczające. Nigdy nie mogłem zrozumieć, dlaczego Polacy czują się lepsi od Czechów, choć historia i zwykła codzienność przypominały, że jest inaczej. Czesi są narodem bardziej pokojowym, o wyższej kulturze osobistej, bardziej otwarci i bardziej represjonowani przez komunistów. Mimo tego nie chełpią się tym, nie pielęgnują etosu narodu uciśnionego.

Już wtedy Czechy były bliżej Europy. Nigdy nie zrozumiem i nie wybaczę tego, co Polacy zrobili nam w Králové w '68 roku. Nie wybaczę tego, co zrobili Mandarynowi. Mandaryn skończył szkołę, poznał równie brzydką jak on dziewczynę – imieniem Aneta. Z Anetką byli dobraną parą pod każdym względem. Brzydka ona i brzydki on. Bonnie and Clayde. Ona wysoka i chuda. Przeraźliwie chuda – właściwie reklama głodu. On mały, grubawy. Dobrze wykarmiony.

Oboje lubili palić. On jeszcze, z zamiłowania ogrodnik, lubił uprawiać Cannabis. Sadził konopie, gdzie się dało, aby jesienią o odpowiedniej porze, pogodzie i fazie księżyca zebrać swój plon, wysuszyć z należytą starannością.

– Najwięcej daje suszenie – mówił.

Dzięki temu mógł mieć w pudełkach i puszkach zapas zielska dla siebie i chuderlawej Anetki na całą długą zimę i wiosnę. Jak wynikało z jego opowiadań i poczynionych potem obserwacji, w lecie zwykle nie miał już nic. Zamieszkał w Ozimku. Pracował jako zwykły robotnik w hucie szkła.

Nie wadząc nikomu, żył w zgodzie z Anetką, sobą i wszystkimi wokół. Ozimek jednak był miasteczkiem małym i wszyscy tam wiedzieli o wszystkim wszystko. Ślubu nie wzięli, bo nie obchodziły ich te „wszystkie fanaberie na pokaz", co było i jest tak bardzo typowo „katolskie" – jak Mandaryn podkreślał.

Denerwuje mnie, że musiałbym zapłacić za to, żeby ktoś pozwoli mi być z Anetką. Musiałbym wywalić ciężką kasę na księdza, aby raczył mi dać ślub. Wcześniej musiałby mnie pouczyć, jak mam być dobrym mężem, a ją – jak być dobrą żoną. Wyobrażasz sobie? Artur – on, który nie jest ani mężem, ani żoną i tak naprawdę gówno wie o życiu. Kasę dają mu ludzie za to, że chodzi w sukience – i on miałby mnie uczyć takich rzeczy? Mimo że do kościoła nie chodził i krzyży nie wieszał, to jednak Mandaryn z Bogiem rozmawiał, co mnie zawsze śmieszyło. Rozmawiał z nim jakby byli sobie równi. Uważał, że byli. Modlitwa Mandaryna była bardzo osobliwa. Niezwykła. Rozmawiał z Bogiem bardzo często. Często się z nim kłócił, choć przecież nikt mu nie odpowiadał. Zaczynał rozmowę – modlitwę – i po kilku zdaniach padało zawsze nieuchronne:

– Co powiedziałeś?

Wkrótce seriami padały, zależnie od sytuacji i emocji:

– No nie!

– Nie wierzę!

– God, jak mogłeś?

– Nie, nie, nie i jeszcze raz nie!

– Nigdy ci tego nie wybaczę.

Czasem jego modlitwa kończyła się milczeniem. Zwykle jednak pod jej koniec dawało się słyszeć optymistyczne nuty i pojednawczy ton.

– Wiesz, Boże... myślę, że Ty jesteś tak naprawdę jeden. Jahwe, Budda,

Mahomet i Chrystus. Ludzie są głupcami. Stworzyłeś świat. Dałeś impuls do wielkiego wybuchu i świat się zaczął. Ja wiem to. Od tej chwili nie robisz nic. Tylko patrzysz. Przez miliony lat świat stał się tym, czym jest, i jest tak dalej. To, że jesteś Mahometem lub Buddą dla jednych, a dla innych Re, to ta sama wiara. W coś najwyższego. Cała otoczka wokół jest dziełem ludzkim. Jest nieważna. Msze, obrzędy, Biblia czy Koran. Wszystkie świętości to dzieło ludzkie. To osnowa, która powstała tak samo, jak po latach zanieczyszczenie. Wokół czegoś, co się cały czas kręci. Rozumiesz?

– Tak, rozumiem.

Na co Mandaryn, wykorzystując głęboko ukrytą pod zewnętrznością totalnego ignoranta niebezpieczną inteligencję w chwili jej genialnego przebłysku, właściwym sobie humorem, odpowiadał:

– Nie, nie rozumiesz. Bóg chrześcijan powiedział: „królestwo boże jest w tobie i wokół ciebie. Nie w budowlach z drewna i kamienia! Rozłup kawałek drewna i ja tam będę. Unieś kamień, a mnie odnajdziesz"… To jego słowa, naprawdę. W 1945 roku w Holandii w Nag Hamadi odnaleziono zwój, który opisano jako „Sekretne Kazania Żyjącego Jezusa". Zwój, tak zwana Ewangelia według Świętego Tomasza, przez uczonych na całym świecie uznano za najdokładniejszy istniejący zapis słów Jezusa. Nie zmieniony przez kilkanaście wieków. A Watykan odmówił uznania ich, uznając za herezję… I tak Mandaryn rozmawiał ze mną i ze swoim Bogiem. Nigdy nie chodzili do kościoła i żyli „bezbożnie". Bardziej lubili palić trawkę i oglądać filmy w zaciszu swojego gniazdka w bloku z wielkiej płyty. Poza pracą marzył, by konopie mógł uprawiać każdy. By były legalne jak alkohol.

– Popatrz, Art, jeśli ja kulturalnie zapalę sobie lolka z Anetką w domu, nie wadząc nikomu, jestem narkusem i wielkim przestępcą. Ale jak koleś z mojej klatki wali wódę i co wieczór wypędza swoje dzieci na ulicę; żona chodzi z podbitymi oczami, bo ten skurwiel ją zbił, to jest dobrze? Jeśli ja wyhoduję sobie kilka krzaków i mam na własne potrzeby, to dostanę za to parę lat. Bo to produkcja narkotyków. A policja, zamiast zająć się gościem z mojej klatki ugania się za pieniądze podatników za spokojnymi miłośnikami zioła, marnując czas. Powiedz, czy to jest normalny kraj. Czy to ma sens? No, powiedz, w końcu jesteś pół-Czechem – inaczej to widzisz. Mówię ci – to jest taki nasz rak, nasza choroba – co drugi to złodziej, sam wiesz… ale każdy jest katolikiem i się modli w niedzielę przed rosołem do Boga. Żeby wszyscy widzieli, jakie ma drogie ciuchy. Wszyscy mogą bez limitów pić wódkę, ale już zapalić nie można.

Opowiadał mi o Holandii, kraju, którego jeszcze wtedy nie znałem. Dziwiłem się, że mogą na ziemi istnieć takie miejsca, gdzie żyje tak jak tego się chce i to nie przeszkadza nikomu. Mandaryn zaciągał się jointem i snuł marzenia o wyjeździe. Chciał walczyć o „słuszną sprawę", „aby jego syn mógł żyć normalnie" i marzyć o tym, że kiedyś będzie mógł hodować swoje ziele, płacić podatki i zasilać skarb państwa. Kiedy już wyjechałem, Mandaryn i jego Anetka wciąż zbierali na wyjazd do Holandii. Los – ludzką ręką – pokrzyżował plany. Po Wigilii, przed Nowym Rokiem, proboszcz chodził po kolędzie po całym Ozimku. Nigdy nie zapraszali księdza do domu. Uznali, że nie będą płacić za coś, czego nie potrzebują.

Tego dnia nie było Mandaryna w domu. Drzwi księdzu otworzyła Anetka.

A że była gościnną i miłą osóbką, wpuściła plebana z kolędnikami. Zrobiła herbatę i kiedy ministranci poszli, opowiedziała, jaki jest ich stosunek do wiary, Kościoła i życia. Pleban wysłuchał, pokręcił głową, podniósł palec wskazujący do góry i nie dopijając herbaty, trzasnął drzwiami. W ich domu konopie leżały na wierzchu. Nie było powodu, aby je kryć. Gdy Anetka rozmawiała z klechą, jeden z ministrantów ukradł pudełko z ziołem. Pleban znalazł je na zakrystii. Na przesłuchaniu chłopców pod amboną o wszystkim się dowiedział. Kilka tygodni później, w lutym, kiedy zapomnieli o wszystkim, do drzwi zapukali policjanci. Z psem, nasłani przez obrażonego za brak wiary i życie w ciągłym grzechu plebana. Znaleźli trzy kilogramy trawy i trochę haszyszu. Jako że była jeszcze zima, Mandaryn z Anetką mieli jeszcze spory zapas. Skuli Mandaryna i wyprowadzili. Jak niebezpiecznego dla społeczeństwa przestępcę. Anetka stała na mrozie zalana łzami, a sąsiad – pijak – szedł, zwyczajnie chwiejnym krokiem po całym chodniku, śmiejąc się w głos z ich nieszczęścia po pijanemu. Mandaryn dostał cztery lata i dziesięć miesięcy. W marcu, trzy tygodnie po aresztowaniu, Anetka nie dostała okresu. Na początku myślała, że się spóźnia przez ostatnie wydarzenia. Po sześciu tygodniach poszła do lekarza. Badanie potwierdziło, że jest w ciąży. Powiedziała mu o dziecku po pół roku. Miała brzuch i nie mogła tego dłużej ukrywać. Mandaryn był już od dawna załamany. Udawał tylko przed lubą, że wszystko jest w należytym porządku. Z miłości, bo kochał ją. Nie mówił nic, aby jej nie martwić. A był w fatalnym stanie i chudł w oczach. Więzienie to nie obóz harcerski. Załamał się do reszty. Przed latem zachorował na płuca i umarł cichutko.

Nigdy nie dowiedziałem się, co stało się z Anetką i z ich dzieckiem. Podobno sama wyjechała do Holandii, aby swojego syna wychować już w normalnym kraju. Wtedy o niczym nie wiedziałem. Wtedy nie było jeszcze Anetki i był tylko internat. Była moja Monika.

Po weekendzie, kiedy poznałem Mandaryna, topiąc z nim smutek z powodu spotkania, na które moja miłość nie przyszła, otworzył mi oczy na rzeczy, których nie dostrzegałem. Wytłumaczył mi to, czego nie rozumiałem. Po powrocie do internatu Monika przyszła do mnie. Byłem gotów do rozmowy:

– Więc co, pogadamy? Nie mogłam w piątek, bo dopiero dzisiaj przeczytałam twój liścik! Bardzo się spieszyłam na pociąg, wpadłam tylko po plecak. Nie zauważyłam go, przepraszam.

Tego wieczoru długo ze sobą rozmawialiśmy. Zupełnie poważnie, po raz pierwszy o tym, co będzie, kiedy skończymy szkołę. Stanęliśmy koło tego okna i spojrzałem w dół, nie było tam nic. Żadnych róż, żadnego rozczarowania, żadnych łez. Wszystko zakryły wolno opadające płatki śniegu. Monika nigdy się o nich nie dowiedziała. Pozostała tylko nieskazitelna biel śniegu.

Jak nasza miłość. Jednak śnieg już niedługo miał pozostać zupełnie czysty i biały. Nie zdawaliśmy sobie z tego sprawy. Pamiętam dobrze, jak potem, wieczorem, na końcu korytarza, przy balkonie zebrała się nas jakaś grupa, kilkunastu ludzi. Sidu w wielkiej, kolorowej czapce, wypełnionej dredami, na skórzanym bębenku wybijał rytm jak w transie. Palczak na gitarze jak Hendrix ciągnął melodię. My śpiewaliśmy, słuchaliśmy... i byliśmy po prostu razem. Edyta tego wieczoru zaśpiewała najpiękniej. Wiele lat później widziałem, jak śpiewa o tym, że „jest kobietą". Mnie przypomniało się, jak przychodziła w szpilkach na praktykę. Jak tego wieczoru wszyscy prosili ją, aby zaśpiewała, aż z uśmiechem się zgodziła. Potem przyszedł dwumetrowy, wolno chodzący pan Jerzy, z rękoma tradycyjnie za sobą splecionymi na krzyżu. Popatrzyłem na Monikę, kiedy pan Jerzy kończył obchód, i po rozpoczęciu regulaminowej ciszy nocnej zapraszał:

– Dziewczęta, idziemy już spać.

Nasze spojrzenia spotkały się ukradkiem na ułamek sekundy. Wciąż bowiem utrzymywaliśmy swój związek w tajemnicy. Jej oczy płonęły blaskiem. Usta nigdy jeszcze nie smakowały tak, jak tej właśnie nocy.

Zimowe niebo

Nadeszła zima. My mieliśmy lato. Lato naszej miłości. Oboje wiedzieliśmy, jak nazwać tę cieniutką nić, która nas łączyła. Ani ja, ani moja M. nie chcieliśmy głośno o tym mówić.

Po studniówce coraz częściej w naszych rozmowach pojawiał się jednak ten sam temat. Wracał jak bumerang. Bałem się ja, bała się ona. Co będzie, kiedy skończymy szkołę? Mieliśmy coraz mniej czasu. Mniej niż sto dni. Nie wiedziała, co chce robić w życiu. Ja byłem zdecydowany. Nie wiedziałem tylko, na którą dostanę się uczelnię. I... czy się w ogóle dostanę. Coraz częściej się kłóciliśmy. Scenariusz osiemnastego grudnia powtórzył się już wkrótce, tym razem czternastego lutego. Nie odzywaliśmy się do siebie tydzień, a kiedy znów leżałem u jej boku z wplecionymi w jej włosy palcami, zapytałem:

– Co z nami będzie?

– Nie wiem, Art, naprawdę nie wiem – i po chwili dodała:

– Zapomnisz o mnie szybko i przestanę dla ciebie istnieć.

Kiedy to usłyszałem, ogarnął mnie potworny smutek. Trzeba przyznać, że nie są to słowa napawające otuchą kogoś, kto kocha. Nie chciałem, aby to była prawda. Powiedziałem jej o tym, a ona milczała. Nie dowiem się, o czym wtedy myślała. Nigdy też nie będę wiedział, co oznaczał jej smutny uśmiech, kiedy w chwilę potem odparłem:

– Nigdy się tak nie stanie. Nie zapomnę o tobie, będę cię pamiętał do końca, do końca wszechświata. Popatrzyła na mnie, uśmiechnęła się lekko i wtuliła we mnie jak kociak.

A może się wtedy nie uśmiechała? Może nie wierzyła w Moje Wielkie Słowa. Tak bardzo wtedy chciałem jej powiedzieć, jak ją kocham, bo tej nocy kochałem ją też najsilniej, przyjmując, że uczucie ma jakąkolwiek skalę czy wymierne jednostki. Ale było to najsilniej w moim życiu. Najmocniej.

Tylko raz. Właśnie wtedy.

Nigdy o niej nie zapomniałem i nie zapomnę. Pamiętam jej oczy, kiedy na mnie patrzyły i pamiętam, jak je nocą zamykał sen. Kiedy się kochaliśmy, kiedy moje dłonie wypełniała krągłościami najsłodszych we wszechświecie piersi, zagryzała piękne, miękkie wargi. Kiedy się wiła na mnie jak jaszczurka. Kiedy całowałem jej mokry od pożądania brzuch i jak słodko smakowały pocałunki okryte całunem nocy. Pamiętam i nigdy o niej nie zapomnę! Jak mógłbym zapomnieć o mojej Mo. O mojej Monice.

Minęło już prawie dwadzieścia lat od tamtych wydarzeń, a mimo to wciąż pamiętam wiele szczegółów. Przez wszystkie te lata w końcu sierpnia wysyłałem jej maleńki drobiazg, by wiedziała, że 4 września o niej pamiętam. Wysyłałem coś takiego co roku, z różnych zakątków ziemi, i nawet nie miałem pewności, czy moje przesyłki trafiały do niej.

Wierzyłem, że tak jest. Chciałem, by na urodziny zawsze coś dostała ode mnie. By wiedziała, że żyję. I że pamiętam. Pisałem na adres jej rodziców. Teraz już wiem, że nigdy nie powinienem był tego robić. Choć z drugiej strony, wiele to też zmieniło. Bardzo wiele. Dziś jest czwarty września. W tym roku niestety nie wyślę już nic. I nigdy też tego nie zrobię.

Kiedy pierwszy raz poważnie się pokłóciliśmy, pierwszy wyciągnąłem do niej rękę na zgodę. Następnym razem to ona zrobiła pierwszy krok. Za trzecim razem było zupełnie inaczej.

Nadchodził kwiecień, wiedziałem już, że chcę studiować fotografię na Akademii Sztuk Pięknych we Wrocławiu albo w Pradze. To ojciec mnie do tego namówił. Wolałem oczywiście we Wrocławiu, bo chciałem być blisko niej. Ona nadal nie wiedziała, co chce robić. Myśleliśmy naiwnie, że wszystko będzie takie proste. Jakże się myliliśmy! Wiedziałem, że coś muszę zrobić. Tylko co? Zadawałem sobie to pytanie wielokrotnie. Wciąż o tym myślałem. Pewnego piątku napisałem do niej list. Wiedziałem, że kiedy będzie jechać pociągiem do domu, przeczyta i będzie mieć dość czasu, aby go dobrze przemyśleć. Napisałem więc:

Droga Mo! Pomyślałem, że napiszę do Ciebie kilka słów, bo pewnie będziesz się trochę nudzić. Chciałbym więc, abyś go przeczytała dopiero w pociągu. Skoro czytasz, znaczy to z pewnością, że siedzisz już sobie wygodnie w przedziale. Poza tym to, co tu przeczytasz, jest bardzo ważne i dla mnie, i dla Ciebie. Właściwie nie wiem, od czego zacznę, ale jakoś muszę to chyba zrobić, prawda? Więc słuchaj. Nigdy o tym poważnie nie rozmawialiśmy, o tym, co tak naprawdę jest między nami, choć oboje doskonale wiemy, jak to nazwać. Boimy się tylko tego bardzo. Boimy się siebie nawzajem. Jesteśmy do siebie bardzo podobni, to czyni nasz związek o wiele trudniejszym. Jednocześnie jednak o wiele bogatszym. Wiem, że mnie doskonale rozumiesz, i wiem, że mnie zrozumiesz, kiedy Ci powiem o tym, jak bardzo się boję jutra i każdego następnego dnia. Nie chcę, abym się kiedyś obudził, kiedyś, kiedy będę miał lat trzydzieści, czterdzieści, pięćdziesiąt czy sześćdziesiąt, a Ciebie nie będzie przy moim boku! Chcę spędzać z Tobą każdy dzień mojego życia. Chcę, aby wszystkie moje dni stały się dzięki Tobie naszymi. Za kilkanaście dni skończymy szkołę, tylko od nas zależy, co będzie dalej. Co będzie z naszym życiem i z nami. To my tworzymy każdy dzień, nie pozwólmy, aby te dni były stracone! Chcę być z Tobą wszędzie, wiem już, co chcę robić w życiu, i wiem, że nie chcę tego robić bez Ciebie. Nie pozwólmy, aby nasze drogi się rozeszły. Wszystko zależy tylko od Ciebie i mnie. Od nas, i niech tak pozostanie. Niech ja i Ty zawsze będzie dawało My! Oboje stoimy teraz razem na peronie własnych myśli. Czekamy na pociąg, który jest naszym wspólnym życiem, tylko od nas zależy, czy otworzymy jego drzwi i usiądziemy razem w przedziale. Ja już wiem. Czekam na Ciebie! Kocham Cię! Razem przezwyciężymy każdą trudność! Twój Art.

Kiedy przyjechała w niedzielę, powiedziała tylko, abym więcej nie pisał takich listów. A ja – idiota – nie zrozumiałem i się obraziłem. Teraz wiem, że powiedziała tak, bo była bardzo zaskoczona. Pokłóciliśmy się. Odtąd się nie odezwałem do niej ani słowem. A ona do mnie. Oboje byliśmy zbyt dumni, zbyt podobni do siebie. Zbyt głupi.

W kilka dni później zobaczyłem ją z jej starym znajomym. Szli sobie. Ale dla mnie to wtedy wyglądało zupełnie inaczej. Na kilka dni przed maturą złamała się, chciała ze mną porozmawiać. Nie pozwoliłem na to.

Kiedy tylko powiedziała:

– Artur, chciałabym...

– Oszczędź nam tego – uciąłem.

A może miałem wtedy rację? Może tak miało być? Może tak właśnie chciał los? W każdym razie nigdy już nie zamieniliśmy z sobą słowa. To było ostatnie zdanie tych, którzy się kochali. Ostatnie zdanie pary kochanków w ich beznadziejnej miłości.

Pozostały nam już tylko spojrzenia. Pamiętam bardzo dobrze, kiedy patrzyłem na nią ostatni raz. Wsiadała do samochodu tego kolegi, z którym widziałem ją wcześniej. Długie spojrzenie, z którego nie potrafiłem wtedy nic wyczytać. A powinienem wyczytać miłość. Myślę, że ja miałem w oczach to samo, ale Monika, tak jak ja, nie potrafiła z nich wtedy czytać. Byliśmy zbyt młodzi, dumni i głupi, aby ze sobą być. Rozstaliśmy się na zawsze. Chciało mi się wyć i skomleć jak szczeniakowi oderwanemu od suki. Ale nie zapłakałem. Ani jedna łza nie spłynęła po mojej twarzy. Ani jedna. Płakała dusza, która nie roni łez. Czar prysł jak pęcherzyk powietrza na wodzie po deszczu.

Następne tygodnie były dla mnie straszne. Dostałem się na obie uczelnie. Wybrałem tę w Pradze. Chciałem być jak najdalej od Wrocławia. Od Polski i miejsc, które przypominały mi Monikę.

Nie wiedziałem, co się z nią dzieje. Nie chciałem wiedzieć. Zostawiłem wszystko w Polsce. Kolegów, znajomych i całą resztę. Chciałem zostawić wspomnienia. One jednak ze mną zostały. Wyjechałem do Miasta Karola. Uciekłem. Monika została w Polsce i nigdy więcej już jej nie zobaczyłem. Znikła z mojego świata na zawsze. Znikła, by pojawić się znów dwadzieścia lat później i by mnie zabić.

W Pradze zamieszkałem w akademiku na Vinohradach, na Slezskej 25. Zaczął się zupełnie nowy rozdział mojego życia. To był bardzo dobry okres. Chodziłem z książkami na zajęcia, nie opuszczałem wykładów. Wciągnęła mnie ta niezwykle fascynująca dziedzina sztuki, jaką jest fotografia. Znów mieszkałem w mieście mojego dzieciństwa, jednym z najpiękniejszych miast Europy. Ciągle pamiętałem o mojej kochance, ale tylko kiedy byłem sam. Chodziłem na dodatkowe zajęcia, aby nie mieć czasu na myślenie. I rzeczywiście, myślałem o niej coraz mniej. Czasem tylko widywałem ją w metrze albo na ulicy. Kiedy jednak okazywało się, że dziewczyna na ulicy to nie ona... cieszyłem się.

Nie mogła tu być. Byłem w zupełnie innym kraju w innym, milionowym mieście, nie mogłem jej tutaj spotkać. Zrozumiałem wreszcie, nasza miłość była jak lód, który rozsadza skały. My byliśmy skałami, oboje niszczyliśmy się wzajemnie.

Zakochałem się znów w tym przepięknym miejscu, jakim jest Praga. Zakochałem się z aparatem i statywem. W miejscu, w którym najróżniejszego typu artystów jest więcej chyba, niż w jakimkolwiek innym europejskim mieście z Paryżem włącznie. Robiłem zdjęcia. Wkrótce okazało się, że niektóre z nich podobają się. Na początku moim wykładowcom i bandzie. Potem już na uczelni prezentowałem swoje prace na wystawie. Zachwycały się nimi zupełnie obce mi osoby, więc komentarze były bez cienia stronniczości. Cieszyłem się tym. Jednak najbardziej tym, że podobały się kochanemu dziadkowi. Wreszcie życie nabierało kolorów. Sprawiało mi radość, że coś robię i to coś podoba się innym. Wykładowcy wróżyli mi świetlaną przyszłość. Twierdzili, że w moich zdjęciach jest coś, czego oni nie są w stanie nauczyć, nazywali to wyczuciem, wrażliwością i stylem. Robiłem tylko czarno-białe zdjęcia, choć w tym czasie fotografia barwna była już powszechnie stosowana. Ja wolałem przedstawiać świat w odcieniach czerni i bieli, bo to nie było prawdziwe. Bo to był surrealizm, impresjonizm.

Po jednej z wystaw ze zdjęciami miasta zostałem wezwany do dziekanatu. Nie wiedziałem, o co chodzi. Okazało się, że u dziekana siedział zastępca redaktora naczelnego wydawnictwa Olimpia. Byłem oszołomiony. Starszawy pan zakomunikował mi jasno, że bardzo się zainteresował moimi fotografiami. Chciałby je też jeszcze raz obejrzeć i część z nich, oczywiście te najlepsze, wydać jako widokówki oraz umieścić w albumie Praga bliżej Europy. Tak po prostu. Był to czas, kiedy kończył się komunizm.

Wszystko działo się inaczej. Wszystko było możliwe. Myślałem, że oszaleję z radości. Byłem dopiero na trzecim semestrze. Następnego dnia poszedłem pod wskazany adres i pokazałem redaktorowi zdjęcia. On długo je oglądał przy oknie, a następnie wybrał, jego zdaniem, trzydzieści najlepszych. Wkrótce przyniosłem do laboratorium negatywy, podpisałem umowę na pięć tysięcy koron, a w kilka tygodni później większość sprzedawców pamiątek na Hradczanach miało już moje zdjęcia na widokówkach.

Po mniej więcej dwóch miesiącach pan Novotny oświadczył, że widokówki się sprzedają, i polecił mi zrobienie tym razem pięćdziesięciu nowych zdjęć na pocztówki oraz dwudziestu do albumu. Muszę przyznać, że był to dla mnie ogromny sukces. Nie komercyjny, ale fakt, że zostałem dostrzeżony jako twórca, dodawał mojej młodej duszy otuchy i wiary w przyszłość. Niewielu miało takie szczęście. Zanim ukończyłem piąty semestr, moje prace wystawiło już Národní Muzem na Vaclavaku, a ja byłem uznanym artystą. I ciągle ktoś zlecał mi jakieś prace. Mniej więcej na tym polegały moje pierwsze lata studiowania. W tym czasie nie miałem prawie żadnego kontaktu z kobietami. Choć koleżanki lubiły przebywać w moim towarzystwie, może dlatego właśnie, że ja ich unikałem, nie umawiałem się jak inni studenci. Nie było na to czasu, ani... ochoty.

Życie spokojnie biegło swoim nurtem. Po skończeniu trzeciego roku rozpocząłem studia na drugim kierunku, na dziennikarstwie. Tę myśl podsunął mi dziadek, który choć tego nie okazywał, był bardzo szczęśliwy i dumny z wnuka. W końcu to on dał mi pierwszy prawdziwy aparat i nauczył pstrykać. To on wszczepił mi wirus i zmienił moje życie.

Kiedy studiowałem już dziadkowe dziennikarstwo, okazało się, że miałem w grupie kolegę, imieniem Petr, z którym szybko przypadliśmy sobie do gustu. Z wyglądu był typowym knedlem. Jasne włosy niesfornie mu się kłębiły wokół pucołowatej twarzy, opadając – a jakże – na kark. Pił piwo i potrafił wypić go mnóstwo. Nigdy nie wypijałem w Polsce więcej niż cztery piwa, wiem bowiem, że więcej już nie mogę, bo padnę. W Czechach potrafiłem wypić osiem. Choć myślę, że dla Petra takiej granicy nie było. To prawda, że polskie piwo jest inne i pije się też inaczej, ale nie zmienia to faktu, że czasem Petr bez trudu osiągał przebiegi dzienne rzędu dwunastu piw. Jestem też święcie przekonany, że gdyby dostał całą beczkę, też opróżniłby ją w błyskawicznym tempie.

Najlepszym prezentem urodzinowym, jaki mógłbym mu dać, był zatem doskonale prosperujący, niewielki browar pod Ołomuńcem albo Pilznem. Albo lepiej samo Pilzno.

Pracował w radiu Evropa. Był prowadzącym. Mówił do mikrofonu, co poważnie ograniczało jego piwne przebiegi. Kiedyś zaprosił mnie do swojego studio. Potem, jako dobrzy koledzy, spotykaliśmy się często, toteż równie często byłem z nim w radio. W końcu byłem studentem dziennikarstwa.

Nauczyłem się więc szybko tego, co robił on. Po jakimś czasie zaproponował mi, abyśmy razem prowadzili audycję. Początkowo miałem opory, bo co innego „puszczać" w eter piosenki, a co innego mówić do mikrofonu. Tym bardziej że w moim czeskim można było znaleźć oczywisty wpływ polskiego. Petr potraktował to jednak jako zaletę. W ten sposób stałem się, niejako nieświadomie, radiowcem. Podobała mi się ta praca, w dzień studiowałem fotografikę, w weekendy dziennikarstwo.

W dzień fotografowałem, w nocy aparat zamieniałem na mikrofon.

Brakowało mi tylko jednego – czasu. Moje dokonania w dziedzinie fotografii były na tyle duże, że pozwalały mi na samodzielność finansową. Z pieniędzmi nie było problemów, zresztą nie miałem ich kiedy wydawać. Czasem tylko wieczorem po pracy wychodziliśmy z Petrem do jakiejś gospody, by napić się piwa. To było wówczas całe moje życie towarzyskie. Odpowiadało mi to. Nie chciałem tego zmieniać. Czasem tylko, kiedy kładłem się spać, było mi smutno, że jestem samotny. I kiedy się rano budziłem i nie było przy mnie nikogo, właśnie wtedy najbardziej odczuwałem moją samotność.

Przypominałem sobie chwilę, kiedy się budziłem i nie otwierając oczu wiedziałem, że kiedy je otworzę, zobaczą ją. Kiedy je otwierałem w Polsce, widziałem kształtne usta, czasem uśmiechnięte przez sen, kiedy śniło się jej coś przyjemnego. Kiedy znów widziałem na jej twarzy napięcie, delikatnie, tak, aby się nie obudziła, obejmowałem ją albo głaskałem; wtulała się we mnie wtedy jak młody kocurek. Lubiłem obserwować, jak śpi. Ale nie było jej już przy mnie. Nie było jej już tak naprawdę we mnie, a jeśli tak, to schowana bardzo głęboko.

Często rozmawialiśmy z Petrem na przeróżne tematy. O przyszłości, o planach, o kobietach. Uważał, że potrzebuję kobiety, ja się wtedy śmiałem z jego słów.

– Narząd nieużywany zanika, to atrofia, chłopie, zastanów się! – krzyczał znad kufla z pianą na górnej wardze.

Ciągle wspominał o swojej siostrze. Wyczuwałem w tym podstęp.

Wkrótce wiedziałem o niej dokładnie wszystko, co wie o sobie rodzeństwo: co lubi, a czego nienawidzi, jak się ubiera, co je i na co chodzi do kina. Wiedziałem też, że nie ma stałego chłopaka, a ci, z którymi się spotyka czasem, są dla niej – zdaniem Petra – „nieodpowiednimi obszczymurkami".

W końcu był jej bratem, chciał więc dla niej jak najlepiej. Powiązała nas nić męskiego braterstwa. Dobrze było mi w tej przyjaźni. Wielokrotnie próbował namówić mnie, abyśmy się spotkali we trójkę, abym w końcu poznał jego siostrę. Ja konsekwentnie odmawiałem. On spotykał się w tym czasie z pewną dziewczyną, nie znałem jej, ale oczywiście opowiadał mi o niej. Właściwsze byłoby jednak stwierdzić, że opowiadał mi o wszystkim. Nikogo bardziej gadatliwego jak Petr nie znałem nigdy. Kiedy mu o tym mówiłem, niezmiennie odpowiadał:

– Młody, nie zapominaj, że jestem radiowcem.

Zawsze mówił do mnie „młody", choć to on był młodszy. Ale to ja byłem młodym dla niego.

Ze swoją holkou już od dawna chcieli się pobrać. Mówił mi o tym. Mówił, że będą mieć piękne, duże mieszkanie, a w nim dwoje uroczych dzieci.

– Knedliki – dodawałem z uśmiechem.

Wymarzył sobie wspólnie z nią, że nazwą je Zuzanka i Kubuś. Jeśli będą mieć „parkę". Oczywiście opcji mieli wiele. Planowali ślub zaraz po skończeniu studiów. Ja miałem być ich świadkiem.

Pewnego dnia, wiosną, kiedy nagle po długiej i brudnej zimie w całym mieście przyroda z dnia na dzień wybuchła zapachami i świeżą zielenią, spotkało mnie coś, co nie było chyba zwykłym przypadkiem. Rankiem szedłem sobie Václavském Náměstí do stacji Muzeum zielonego metra.

Spieszyłem się do Olimpii, byłem umówiony. Miałem tam dostarczyć kilka zdjęć Hradczan nocą na dziesiątą piętnaście, a była dziesiąta. Niosłem zdjęcia jak zwykle w teczce pod pachą. Cieszyłem się wiosennym słońcem i tym, że zima się wreszcie skończyła. W pewnym momencie poczułem silne uderzenie i moje fotki rozsypały się na chodniku. Leżały obok jakichś notatek, nieopodal wyjścia z metra pod Świętym Wacławem, pod nogami azjatyckich turystów, którzy robią wyłącznie zdjęcia i filmy. Mój upadek dał im oczywiście natychmiastowy obiekt godny utrwalenia na błonie. Spojrzałem z wściekłością na sprawcę tego wypadku i... okazało się, że to kobieta. No jasne! Na oko mogła mieć dwadzieścia kilka lat, na pewno mniej niż dwadzieścia pięć. Miała krótkie, lekko kręcone, ciemne włosy, ciemną skórę, wilgotne, pełne usta i wielkie, zielone oczy. Oczy, z których patrzyła na mnie wściekłość. W milczeniu zbieraliśmy swoje rzeczy, kiedy skończyliśmy i wstaliśmy, wycedziłem przez zęby:

— Niech to szlag. Co za debilka. No, co? – zapytałem zdenerwowany po polsku. – Lazłaś jak krowa, ciekawe, czy autem też tak jeździsz?

— Prosim, co že? – zapytała czerwona. – Promiň – dodała po chwili zdziwienia, kiedy szok jej przeszedł, stojąc nad moimi i swoimi rozrzuconymi papierami. Nie rozumiała na pewno całości, ale słowo krowa zrozumiała na sto procent. Kiedy oboje już zbieraliśmy papiery, odezwałem się do niej już normalnie, po czesku.

— Wie pani, że to nie była moja wina.

— Tak, przepraszam, ma pan rację.

— To już wie pani, co znaczy – tu powiedziałem po polsku – lazłaś jak krowa?

— Tak, wiem.

Ale wcale nie była rozbawiona jak ja. I zebrawszy się jak najszybciej, pobiegła w dół Vaclavaka.

Wieczorem w radiu, około północy, kończyliśmy z Petrem program. Kiedy w eter poszła ostatnia piosenka i odłożyliśmy słuchawki, spokojnie oznajmił:

— Dziś przyjdzie po nas moja siostrzyczka, powinna tu być za kilka minut. Wreszcie ją poznasz. Rozśmieszyło mnie to bardzo, bo w tej sytuacji nie miałem wyjścia, wiedziałem, że tę całą szopkę zaaranżował specjalnie, miałem dobry humor, więc nie byłem zły.

— Ona ma do ciebie jakiś interes, musi z tobą porozmawiać – zagaił z uśmiechem. Tak, oczywiście, a jej brat myślał, jak by tu ją zwabić podstępem! Przyszła. Przedstawił nas sobie, a ja, kiedy podszedłem do niej, pomyślałem sobie, że zupełnie nie odpowiada moim wyobrażeniom o niej. Wyglądała na lekko zbuntowaną licealistkę, oczy miała zupełnie jak Petr. Szczupła, wesoła i na pierwszy rzut oka lekko agresywna. Nie wiedziałem, jak to określić: jakby się nie bała niczego i nikogo. A już na pewno mojego spojrzenia.

Pomyślałem, że wie, czego chce od świata, i z pewnością to bierze. Jej uroda nie była oszałamiająca. Lecz nie była brzydka, była oryginalna, charakterystyczna. W obcisłych spodniach i czarnej skórzanej marynarce miała w sobie to coś. Nie musiała się afiszować kobiecością, by być kobietą. Nie musiała nakładać na twarz kilogramów kosmetyków i misternie układać fryzury. Wystarczyło, że stała nieruchomo, a w jej lekko niekobiecej postawie było milion razy więcej salonowej gracji i wdzięku salonowych dam. Nie prezentowała zbyt dużym dekoltem trzeciorzędowych cech płciowych, lecz mając na sobie szary golf, opinający jej maleńki biuścik na kształt dwóch słodziutkich pączusiów, stawała się bardziej pociągająca niż jakakolwiek inna istota na ziemi. Była sobą w każdym centymetrze sześciennym pozornie szarego ciała. Mógłbym dziesiątki razy mijać ją w drzwiach i nigdy nie zwróciłbym na nią uwagi, lecz gdyby raz jeden tylko spojrzała w moje oczy, stopiłaby każdy lód. Jak szlachetny kamień, który wydarty z czeluści ziemskich, jest wspaniały do końca tylko o tyle, o ile ma w sobie jakąś mało widoczną skazę, rysę, komara lub zatopioną w sobie nieczystość. Jubiler, kolekcjoner kochający szlachetne kamienie, za taki kamień zapłaci o wiele wyższą cenę, nawet jeśli ów klejnot będzie o połowę mniejszy od innego. Ja wiedziałem, że ona jest takim kamieniem, kiedy na mnie spojrzała i kiedy usłyszałem jej głos. Nie docierały do mnie słowa, tylko głos, jakże wspaniale brzmiał muzyką, jak echo. Niski, aksamitny, delikatny. Mógłbym go słuchać godzinami, sycić się nim jak wiosennymi promieniami słońca. Wymawiając niektóre głoski, czasem delikatnie je zniekształcała. Czyniła to jednak tak subtelnie, że prawie niezauważalnie, dodając wypowiadanym słowom niezwykłego uroku i oryginalności. Byłem nią zafascynowany, nie wiedziałem, czy mnie uwodzi, czy rzeczywiście się nam tak dobrze rozmawia. A właściwie słucha. Mnie słucha. Trwałem tak w niepewności, a ona wiedziała doskonale, co myślałem i co czułem. Poruszałem się po omacku, po pierwszym naszym spotkaniu chciałem się z nią spotkać znów jak najszybciej, ale nigdy bym jej o to nie poprosił. Czytała w moich myślach jak w otwartej książce.

— Bardzo dawno nie byłam nigdzie na mieście na kawie, a bardzo lubię, wiesz? Może... — I tu łamiące kości spojrzenie i lekki niezrozumiały uśmiech pojawiał się jej na twarzy... — zaprosiłbyś małą siostrzyczkę swojego kolegi knedla do jakiejś zacisznej kawiarenki, mogłoby ci się spodobać, co? Lubisz chyba kawę, panie Poważny... hm... noooo?

— Nie — wymamrotałem bezmyślnie, ale wyraźnie rozbawiony.

– O, szkoda, ale możesz się napić przecież herbaty, zresztą tu nie o to chodzi, kto co lubi tylko, kto czego chce i kto to dostanie. Prawda? No to kiedy?

– No tak, nie piłaś nigdy herbaty w Polsce, prawda?

– A co to ma do rzeczy?

– No widzisz, jednak ma. Zrobię ci kiedyś taką, to zrozumiesz. Chcesz?

– Pewnie, że chcę – rzuciła szybko uradowana tym pomysłem.

Chciałem krzyczeć, że jak najszybciej, teraz i na zawsze, chciałem iść z nią, dokąd tylko zechce, byleby tylko z nią! To, że ją spotkałem, spowodowało, że oniemiałem, oślepłem i nie czułem nic. Straciłem zmysły, była tylko ona, tylko jej pragnąłem. Nic więcej.

– Może jutro? Wieczorem po ciebie przyjdę, dobrze? Siostrzyczka popatrzyła i ze zdziwieniem odparła:

– Nie! Jeśli tak, to ja przyjdę do ciebie o osiemnastej i pójdziemy w jakieś miłe miejsce, albo zrobisz mi tej polskiej herbaty.

– Dobrze. Jesteśmy umówieni.

– Ale poczekaj. Chcę cię, Arturze, zapytać o jedną sprawę.

– Słucham?

– Wy tę herbatę to w tej swojej Polsce uprawiacie? Bo ja słyszałam, że ryż wam się nie udawał.

I poszliśmy w swoje strony. Oboje z uśmiechem na ustach. Nazajutrz spotkaliśmy się znowu i rzeczywiście ona piła kawę, a ja herbatę. Rozmawialiśmy i spostrzegłem, że mimo tego, że tak naprawdę znaliśmy się zaledwie kilka godzin, kiedy ona mówiła i przerwała, ja potrafiłem dokończyć jej zdanie. Czułem się, jakbym znał ją od co najmniej długich miesięcy. Potrafiłem dokończyć jej myśl, a ona umiała dokończyć moją!

Kiedy wychodziliśmy z kawiarni, wtuliła się we mnie i została tak. Przed domem przyciągnęła mnie do siebie i gwałtownie, szybko, dziko pocałowała. Wiedziała, że ja też pragnąłem jej ust jak oszalały, ale nie pozwoliła się całować. Tylko tyle, ile uznała, że można. Zapytałem ją, o której godzinie się jutro znów zobaczymy, odpowiedziała mi pytaniem:

– A skąd wiesz, że chcę się z tobą widywać?

– Wiem!

– Wobec tego jak będę miała na to ochotę, to na pewno się dowiesz!

Dobranoc, słodkich snów. I poszła sobie, zostawiając mnie samego na ulicy jak psa. Wreszcie poszedłem spać i ja, ale nie były mi dane życzone słodkie sny. Myślałem o niej. Znałem ją dopiero dwa dni, a kompletnie oszalałem na jej punkcie. Bałem się, co będzie dalej, myślałem, o czym ona może myśleć. Analizowałem jej słowa. Aż wreszcie nad ranem zapadłem w płytki sen.

Spotykaliśmy się coraz częściej, nawet kilka razy dziennie. W tydzień po pierwszym spotkaniu poszliśmy do kina, ale nie pamiętam filmu. W kinie było niewielu widzów, a my do nich należeliśmy tylko na początku filmu. Przytuliła się do mnie, objąłem ją ramieniem. W odpowiedzi uśmiechając się, popatrzyła i krótko, jak na powitanie, pocałowała. Po chwili znów to zrobiła, lecz tym razem już niekrótko i nie spojrzała z powrotem długo na ekran, a film nas przestał wkrótce interesować.

Tej nocy nie odprowadziłem jej pod dom. Tę noc spędziliśmy razem, po raz pierwszy staliśmy się razem kobietą i mężczyzną, mężem i żoną, Adamem i Ewą, w naszym łóżku, w naszym raju na ziemi. Ta noc zbliżyła nas do siebie jak żadna inna, i nigdy też nie byliśmy tak blisko, jak wtedy pierwszej nocy, kiedy się staliśmy kochankami jak para z Werony.

Nigdy potem nie wydawało mi się, że ją pokocham...

Po prostu jestem

Nasz związek się rozwijał. Było mi dobrze, i ona czuła się doskonale. Byliśmy wobec siebie przyjaciółmi i kochankami. Dziś, z perspektywy lat, nazwałbym to erotyczną przyjaźnią. Myślę, że było to najlepsze z możliwych rozwiązań. Był to dla mnie i dla niej najlepszy układ, który można było sobie wyobrazić. Każde z nas wiedziało, że to nie jest miłość, i to nam dawało komfort. W każdej chwili mogła odejść i ja mogłem zrobić to samo. Jednak żadnemu z nas nie przyszło to do głowy. O tym, by zamieszkać razem, nawet nie myśleliśmy, byłoby to czystą głupotą. Wszyscy nasi wspólni znajomi myśleli, że się kochamy.

Owszem, fizycznie tak było, ale to nie była miłość w prawdziwym sensie tego słowa. Spotykaliśmy się prawie codziennie, czasem rzadziej, a czasem częściej. Wychodziliśmy do kina, na jakieś imprezy, wystawy lub koncerty i była to taka nasza gra wstępna. Każde nasze spotkanie właściwie kończyło się tak samo. Któreś z nas zostawało na noc u drugiego.

Alenka była wspaniałą kobietą. Jedyną, która o mnie wiedziała tak dużo, a ja nigdy wcześniej i nigdy później o żadnej kobiecie nie wiedziałem tak wiele. To była prawdziwa heteroseksualna przyjaźń, tylko mocno przyprawiona seksem. Czasem się zastanawiałem, dlaczego nie ma miłości między nami. Choć nigdy nie znalazłem odpowiedzi na to pytanie, teraz wiem, że dzięki temu nasz związek przetrwał tak długo.

W tym czasie skończyłem już studia. Stałem na progu nowego życia. Wszystko się układało znakomicie, miałem dobrze płatną pracę w radiu, a moja kariera fotografa intensywnie się rozwijała. Do skończenia studiów moje prace wystawiane były w Galerii Narodowej obok największych sław. Dwukrotnie moje zdjęcia wygrały konkursy w Budapeszcie i dwa razy w Krakowie. Otrzymałem drugą i trzecią nagrodę w World Press Photo.

Byłem już uznanym artystą. Moje zdjęcia ukazywały się na łamach najpoczytniejszych magazynów światowych. Płacono mi naprawdę duże pieniądze, nawet za przeciętne zdjęcia. Byleby tylko opatrzone były nazwiskiem Artur Sadowski. To gwarantowało sukces komercyjny. Pracowałem dużo. Kalendarz Pirelli. Zdjęcia dla National Geographic, Time czy Der Spiegel. Co jakiś czas pojawiały się dla mnie propozycje wyjazdu na zachód Europy. Do Niemiec, Wielkiej Brytanii czy Francji. Ja nie mogłem się zdecydować. W Pradze nie było mi źle. Totalitaryzm i cała ta plugawa polityka „wielkich ojców narodu" skończyła się i zburzono już dawno pomnik Wujka Józka. Była Alenka, ale ona nigdzie ze mną nie chciała wyjechać. Niestety. W dwanaście dni po moich dwudziestych szóstych urodzinach, 3 marca, jak piorun trafiła mnie wiadomość.

W pracy zostałem wezwany do telefonu:

– Pan Artur Sadowski?

– Tak, słucham, o co chodzi?

– Doktor Dalibor Hašek. hm… Szpital Brno-Komarov, proszę o jak najszybsze przybycie. Pańscy rodzice rano mieli wypadek na autostradzie D1.

Nogi się pode mną ugięły. Wiedziałem, że mieli jechać do brata mojej mamy. Zrobiło mi się słabo. Kiedy jechałem z Alenką do Brna, nie odzywaliśmy się prawie. Nie pozwoliła mi prowadzić. Pomagało mi, że po prostu ze mną jest. Kiedy tak jechaliśmy, myślałem o moich staruszkach, dopiero teraz uświadomiłem sobie, jak bardzo ich kocham – dopiero w obliczu zagrożenia, że ich stracę. Dopiero wtedy, kiedy mogło ich zabraknąć – cholerna ironia. Przez cały czas po prostu byli, ale dopiero teraz przypominałem sobie, jak ojciec mnie odprowadzał z cmentarza, kiedy po raz ostatni w życiu płakałem nad grobem Agnieszki. Jak uczył mnie jeździć na rowerze i mamę, kiedy mi odkażała kolana wodą utlenioną po jednej z wywrotek. Jak uczyła mnie gotować i jak się śmiała, kiedy przypaliłem makaron. A teraz jechałem i nie wiedziałem, co mnie tam czeka. Ksiądz Twardowski miał wielką rację, kiedy pisał, że trzeba się śpieszyć w miłości, bo ludzie tak szybko odchodzą.

Kiedy wchodziliśmy do szpitala, czułem się jak dziecko przychodzące do szkoły. Alenka była przy mnie. Kiedy podszedł do nas lekarz, zapytał ją, czy jest krewną ofiar wypadku, odpowiedziała, zgodnie z prawdą, że nie. Zatem kiedy zapytał, jaki jest jej związek z moimi rodzicami, przez chwilę nie wiedziała, co odpowiedzieć. Popatrzyła na mnie i powiedziała, wskazując mnie:

– Ci państwo to rodzice tego pana. Ja... ja jestem jego narzeczoną... – Po czym uśmiechnęła się do mnie smutno.

Lekarz poprosił ją na bok. Rozmawiali szepcząc, a Lenka kiwała głową na znak, że rozumie i się zgadza. Zdenerwowany podszedłem do nich i zapytałem, unosząc głos:

– Mam chyba prawo wiedzieć, co się stało?

Spojrzałem na lekarza i kiedy moje oczy powędrowały na Lenkę, poczułem strach, bo była blada jak ściana. W jej oczach widziałem tę straszną wiadomość.

– Robimy wszystko, co w naszej mocy – rzekł medyk. – Przeprowadziliśmy skomplikowaną operację. Niestety, dwie godziny po niej pańska matka zmarła. Bardzo mi przykro. Pański ojciec jest jeszcze na Sali operacyjnej, ale jego obrażenia są bardzo poważne, jego stan określiłbym jako krytyczny.

– Bardzo poważne... matka... bardzo mi przykro... zmarła... krytyczny... nie, to nie było możliwe, to nie mogła być prawda!

Już nie słyszałem żadnych słów. Lekarz coś jeszcze mówił, ale go zupełnie nie słuchałem. Podziękowałem mu tylko i usiadłem. Lenka coś do mnie powiedziała, ale nie dotarło to do mnie zupełnie i poszła gdzieś z lekarzem. Po chwili przyniosła mi coś do picia i nakazała wypić. Po chwili zobojętniałem na wszystko wokół. Siedziałem tam jeszcze kilka godzin, z nią. Po jakimś czasie poszła po herbatę dla mnie i kawę dla siebie. Nagle wyszedł inny lekarz i prosto z mostu powiedział:

– Niestety, nic nie dało się zrobić. Pański ojciec nie żyje. Naprawdę bardzo mi przykro.

I zamknął za sobą drzwi.

Stałem na białym, śmierdzącym nieszczęściem szpitalnym korytarzu. Niesamowita cisza, która mnie otaczała, była wtedy tak bardzo bezlitosna. Nie czułem nic, wszędzie była tylko pustka. Widziałem tylko niekończący się szpitalny korytarz, z migającymi w głębi dopalającymi się jarzeniówkami. Nikogo wokół mnie nie było. Znów byłem sam. Jak pies.

Stałem tak i chciałem zapłakać. Chciałem wyć, nie potrafiłem, nie potrafiłem uronić ani jednej łzy. Wtem Lenka dotknęła mnie, objęła i utuliła do siebie, jak wtedy, kiedy robiła to matka. Coś bolało, zupełnie jednak inaczej niż kiedy byłem dzieckiem. Jeśli tego nie przeżyjesz, nie zrozumiesz tej chwili nigdy. W kilka dni później znów stałem na cmentarzu. Tym samym, co kilka lat wcześniej i wpatrywałem się w dwie drewniane skrzynie, które z wolna opadały w głębokie doły. Wiedziałem tym razem, że tato nie odprowadzi mnie i nie będę się mógł wypłakać w jego twardy, szary i ciężki płaszcz.

– Tobie ich powierzam, na wieczność, niech odpoczywają w pokoju, niech im światłość wiekuista świeci, bo z prochu powstałeś i w proch się obrócisz. Wieczne odpoczywanie racz im dać Panie, na wieki wieków.

– Amen!

Forever

Po śmierci rodziców tak bardzo było mi ciężko. Nie znajduję odpowiednich słów, by to wyrazić. Nie mogłem dojść do siebie. W tym czasie wynajmowałem kawalerkę przy Namesti Svobody, Lenka bardzo często była tam ze mną. Wiele razy zostawała na noc u mnie, choć już zupełnie inaczej niż przed ich śmiercią. Miała tam już od dawna swoją szczoteczkę do zębów i swoje kosmetyki. Kiedy pewnego ranka obudziłem się, poszedłem do łazienki umyć zęby, była już pod prysznicem. Spojrzałem na szczoteczkę i zrozumiałem. Drobiazg. Nieważny szczegół, lecz naprawdę tak wiele zmieniał. Kiedy była u mnie, kiedy wstawała rano, zawsze myjąc zęby nakładała pastę na moją szczoteczkę. Ja – jeśli wstałem pierwszy – robiłem dokładnie to samo. Nie wiem, od kiedy i dlaczego. Po prostu tak robiliśmy. Uświadomiłem sobie tego ranka, że jesteśmy sobie potrzebni, że łączy nas o wiele więcej niż tylko łóżko. Nie była to miłość, ale to było wspaniałe. Spotykałem się z Petrem nadal po pracy, czasem była wtedy przy mnie Alenka, czasem byłem tylko z nim. Pewnego razu umówił się ze mną i powiedział, że wreszcie poznam jego przyszłą żonę. Oczywiście chciałem ją poznać, chciałem wiedzieć, kogo kocha mój najbliższy przyjaciel.

To naturalne. Umówiliśmy się w „Ilegalita". Nie chciałem się zgodzić na to miejsce, bo nigdy nie podobało mi się tam. Nie zachęcało nazwą i nie cieszyło się też dobrą sławą. Dotąd nie rozumiem, dlaczego wybrał ten bar. Lenka poszła ze mną, choć nie bardzo chciała.

– Możemy się z nimi spotkać kiedy indziej. Zostawmy ich, idźmy nad Wełtawę, przejdziemy się, pobędziemy w ciszy... śnieg tak pięknie pada.

– Nie, tak nie mogę, obiecałem mu. Zrozum, Duszku. No i jestem ciekaw, co to za dziewczyna.

– A ja nie! – odparła, marszcząc ze złości nosek.

– Przecież to twój brat!

– No właśnie, właśnie dlatego!

– Ty ją już widziałaś, ja mam prawo być ciekaw.

– Ach, i tak się już uparłeś, nie wygram z tobą.

Myślę, że nie chciała tam iść, bo miała jakieś przeczucie. Kobiety są inne od nas, mężczyzn. Ona zaś była szczególna. Wielokrotnie chwytała mnie za rękaw, kiedy próbowałem wejść pod nadjeżdżający samochód, zajęty rozmową z nią. Umiała zawsze przewidzieć dokładnie, jaka będzie pogoda. Śmiałem się czasem, że jest czarownicą. Ona poprawiała zawsze.

– O nie, Arturku, ja jestem dobrym duszkiem. Jestem wróżką, taką dobrą czarodziejką.

I tak naprawdę chyba miała rację. Żałowałem tylko, że jej niezwykłe zdolności nie przydawały się zupełnie, kiedy grałem w sportkę. Tego dnia miała swoje złe przeczucia, tyle tylko, że nie umiała ich sprecyzować i nazwać. Niestety jej „przeczucia" czasem były także nietrafne, więc wszyscy traktowaliśmy je z przymrużeniem oka. Gdybyśmy poszli tego wieczoru nad Wełtawę zamiast do tego cholernego baru…

Stało się to dziewięć miesięcy po śmierci moich rodziców. Dochodziłem do siebie po tym wszystkim. Był styczeń, przez całą zimę nie było śniegu, nawet na święta. Tego dnia jednak świat wyglądał wyjątkowo pięknie dzięki promieniom słońca. Przebijały się przez ciężkie chmury, wywołując piękne obrazy. Czasem promienie były tak silne, że widzieliśmy je wyraźnie, jakby były czymś materialnym.

Chyba to była jakaś cholerna złośliwość losu, Boga czy przeznaczenia. Kiedy zapadał zmierzch, zaczął prószyć drobniutkimi płateczkami śnieg. Potem, na ziemię wolno zaczęły spływać ogromne płatki. Olbrzymie i postrzępione. Padały tak duże, i tak gęsto, że nawet przy pełnym słońcu nie byłoby nic widać na kilkanaście metrów. I padało tak kilka godzin. Całe miasto zostało sparaliżowane. Samochody posuwały się w korkach z prędkością kilkunastu kilometrów na godzinę, obsypane śniegiem na kształt ruchomych bałwanów. Światła latarń nieudolnie rozświetlały tę śnieżną ciemność. Gdyby tego dnia wiał wiatr, przeżyłbym największą zamieć śnieżną w życiu, rodem z książek o dalekiej północy Jacka Londona.

Szliśmy ulicą, śnieg skrzypiał nam pod butami przy każdym kroku.

Mroźne, arktyczne powietrze wciągane do płuc przy każdym oddechu orzeźwiało. Był lekki mróz. Płatki śniegu przyklejały się do pięknych policzków Alenki. Zdmuchiwała je, pomagając sobie niezdarnie wełnianą rękawiczką bez palców. Trzymała mnie za ramię, przytulając się i co chwilę zawisając w poślizgu na moim ciele niczym pewnej podporze.

– Wiedziałam, że będzie padać. Nie wiedziałam, że aż tak.

Spojrzałem na nią. Tak śmiesznie trzepotała rzęsami, do których się kleiły te ogromne płatki śniegu.

– No pewnie, jak to czarownica.

– Czarodziejka – poprawiła mnie błyskawicznie.

– Musisz założyć łańcuchy śniegowe do swojej miotły. Czy już założyłaś?

– Nie bądź taki cwany.

„Ilegalita" był dziwnym lokalem. Składał się z trzech niewielkich salek, które łączyły się w centralnej, ogromnej sali. Ten układ przywodził mi na myśl lisią jamę. W centralnej „jamie" znajdowała się scena i miejsce do tańca. Była to sala ogromna i wysoka jak wnętrze jednonawowego, halowego kościoła. Po przeciwległej stronie sceny znajdowały się ogromne schody, na których można było siedzieć, patrzeć na tańczących i scenę. Na samym ich szczycie zaczynał się drugi poziom. Za drucianymi siatkami stały stoliki i krzesła. Pod tym poziomem znajdował się bar.

Młodziutkie kelnerki uwijały się jak pszczoły w ulu. W każdej z bocznych jam grano cichszą i zupełnie inną niż w pomieszczeniu centralnym muzykę. Kiedy stanęliśmy przed „Ilegalita", zrozumiałem już, dlaczego Petr wybrał ten lokal. Spojrzałem na drzwi i na swój zegarek. Dochodziła dziewiętnasta. Plakat, przybity pineskami do ogromnych, drewnianych, zdobionych nitami wrót, przywodzących na myśl katedrę Świętego Wita, głosił, że o dwudziestej odbędzie się tu koncert zespołu Lucie. Bardzo lubiłem tę grupę. Kiedy zamieszkałem w Pradze, szybko polubiłem czeskie grupy rockowe i Petr o tym doskonale wiedział. Uśmiechnąłem się do siebie w duchu i weszliśmy do wnętrza. Wewnątrz panował półmrok. Petr i jego narzeczona siedzieli na górze w centralnej sali. Wybrali stolik przy samej ścianie z siatki, tak by mieć idealną widoczność.

Zaraz po wejściu zobaczył nas i szeroko się roześmiał. Zbiegł po schodach i zaprowadził nas do stolika. Jego „Ona" siedziała bokiem. Kiedy podszedłem bliżej i przedstawił nas sobie, pomyślałem, że już gdzieś się spotkaliśmy. Wreszcie sobie przypomniałem. Zderzyłem się z nią na wiosnę przed wejściem do metra!

Oczywiście nie omieszkałem od razu jej o wszystkim powiedzieć. Pamiętała, ale… może dzięki temu tak dobrze się nam wtedy rozmawiało? Siedzieliśmy tam, piliśmy piwo i rozmawialiśmy jak grupka praskich studentów. Naprawdę było bardzo wesoło. To był nadzwyczajny wieczór. Taka zabawa zdarza się raz na bardzo długi czas. Potem zrobiło się głośno i kiedy Lucie weszli na estradę, po kilku minutach wszyscy skakaliśmy pod sceną jak oszalali. Zabawa była przednia. Kilka piw zrobiło swoje. Wreszcie, kiedy poszedłem z Petrem do wc, powiedziałem:

– Gratuluję, stary, bardzo piękna, inteligentna. Kiedy ślub?

Petr się tylko do mnie wtedy uśmiechał spod zapuchniętych z podpicia powiek, nic nie mówiąc.

– Powiedz, Petr – zapytałem nachylony nad pisuarem – co wy, Knedle, macie takiego, że się podobacie takim dziewczynom?

Zaśmialiśmy się przez alkoholowe upojenie znowu i wreszcie odpowiedział, dotykając jednocześnie swojej grzywy na karku.

– Vlasy, jsou to vlasy... i roześmiał się ze swojego dowcipu tak, że aż zgiął się wpół. Dobrze wiedział, że śmiałem się z jego włosów, wiedząc, że nasze upodobania na temat fryzur są mało zbieżne. Petr miał normalną fryzurę, ale zawsze była to okazja do żartów.

– Za dwa miesiące – odparł, kiedy się już uspokoiliśmy i patrzyliśmy na swoje twarze w lustrach, myjąc ręce, po czym dodał – za dwa miesiące ślub, ale noc poślubna już była!

Znów parsknęliśmy śmiechem. Kiedy wróciliśmy, dziewczyny były już ostro wstawione, tak samo zresztą jak my. Szczebiotały ze sobą i głośno się śmiały. Koncert się skończył i większość widzów albo już wyszła, albo rozsiadła się przy stolikach, pijąc. Dziewczyny twierdziły, że rozmawiały o zakupach. Kiedy zapytały nas, o czym my rozmawialiśmy, Petr popatrzył na mnie, mrugnął porozumiewawczo i odpowiedział z uśmiechem:

– O hamulcach tarczowych na tylnej osi – napędowej, zresztą.

– Co, czego? – Lenka nie załapała wątku.

– O hamulcach tarczowych na tylnej osi napędowej – spokojnie i rzeczowo odpowiedział jeszcze raz.

– Aha... ciekawe jaki mają biust, te... no... hamulce na tylnej osi?

Po czym roześmialiśmy się równocześnie wszyscy czworo, wiedząc, że ani jedno słowo z kilku zdań, które ze sobą zamieniliśmy, nie było prawdziwe. Posiedzieliśmy tam jeszcze chwilę i zbieraliśmy się do wyjścia. W wesołych tego wieczoru podziemiach z głośników usłyszałem nagle słowa piosenki:

Wiecznie młody, chcę być zawsze młody. Czy naprawdę chcesz żyć wiecznie, zawsze na wieki?

Petr wyszedł pierwszy zamówić taksówkę. Ja zostałem z dziewczynami. Kiedy wyszliśmy, Petr szarpał się z jakimś typem. Adrenalina w ułamku sekundy uderzyła mi do mózgu. Kiedyś, jeszcze w internacie, boksowałem się z całkiem dobrym skutkiem, więc nie wahałem się ani sekundy. Nie wiedziałem, co się dzieje, alkohol trochę mnie znieczulił. Ale kiedy błysnął nóż, szybko do mnie dotarło: tu chodzi o życie! Naokoło nas było przynajmniej pięciu koleżków nożownika. Szybkim strzałem w podbródek powaliłem na ziemię jednego z napastników.

Z drugim nie było już tak szybko. Uderzył mnie dwukrotnie, szczęśliwie na tyle niecelnie, że mogłem go jeszcze trafić. W chwili, kiedy dostał w mordę, usłyszałem krzyk:

– Artur – z tyłu!

Straciłem przytomność. Dostałem czymś twardym w głowę. Kiedy się ocknąłem, leżałem na ziemi. Słyszałem tylko histeryczny wrzask. Nie wiedziałem, co się stało. Wciąż byłem oszołomiony uderzeniem. Nagle zobaczyłem, jak Petr, blady, osuwa się po murze na kolana. Wokół nas nie było już nikogo. Byłem ja, Lenka, Joanna i Petr. Podszedłem do niego, chwyciłem pod pachy i podniosłem. Był tak strasznie ciężki. Dziewczyny wrzeszczały, a ja nie wiedziałem, co się dzieje. Spojrzałem mu w twarz. Była blada. Oczy miał dziwne, błyszczące i szkliste. Chciał coś powiedzieć. Przysunąłem się, ciągle nie wiedząc, co się stało. Bolała mnie głowa i wciąż byłem jeszcze trochę zamroczony. Odwrócił się do mnie i z jego ust buchnęła ciemnoczerwona krew. Wypluł ją i wycedził cicho:

– ...ona...

Po czym zakasłał, wypluł kolejny krwisty skrzep brunatno czerwonego koloru, otworzył usta i jego ciało nagle zesztywniało. Po chwili rozluźniło się, opadając z sił. Oczy Petra znieruchomiały i zasnuły się mgłą.

Były teraz zupełnie bez żadnego wyrazu, jak oczy modelki na wybiegu.

– To były oczy Petra, z którym przed chwilą rozmawiałem o jego ślubie, piłem piwo i żartowałem. Teraz opadłem z nim na śnieg. Mój przyjaciel leżał na nieskazitelnie białej pokrywie białego puchu, z podwiniętymi nienaturalnie nogami. Obok, spokojnie, powoli, ogromna plama krwi mieszała się ze śniegiem, zabarwiając go purpurą. Podniosłem się i stałem tak na ulicy, patrząc, jak śnieg powoli zasypywał ciało Petra. W tle słyszałem szloch Lenki i jego przyszłej żony. Byłem bezsilny. Nic kompletnie nie mogłem zrobić. Zdjąłem z siebie płaszcz i nakryłem go, potem dłonią zamknąłem mu powieki. Tylko tyle mogłem dla niego wtedy zrobić. Tylko tyle mogłem zrobić dla najlepszego przyjaciela. Dla mojego Petra. Z oddali dochodziły coraz wyraźniej zawodzące syreny. Spojrzałem na poplamione jego krwią dłonie. Zakryłem nimi twarz i tak bardzo chciałem płakać.

Nie potrafiłem z oczu wycisnąć ani jednej łzy. Ani jednej. Śnieg dalej zasypywał ciało, a wokół niby nic się nie zmieniło. Z baru dochodziły słowa kończącej się piosenki.

Kiedy go zamordowano, miał dwadzieścia osiem lat. Tydzień później staliśmy wszyscy troje nad jasną trumną. Kapłan powtarzał monotonnie słowa, które były mi tak dobrze znane...

– Tobie go powierzam, na wieczność, niech odpoczywa z Tobą w pokoju, niech mu światłość wiekuista świeci, bo z prochu powstałeś i w proch się obrócisz, wieczne odpoczywanie, racz mu dać Panie, na wieki wieków, Amen!

Śmierć Petra dla nas trojga była wielkim ciosem. Jednak bardzo się przez to do siebie zbliżyliśmy. Ogromnie dużo czasu spędzaliśmy wspólnie. To nam pomagało. Pocieszaliśmy się nawzajem. Czasem, kiedy w nocy leżałem z Lenką, myślałem, jakie znaczenie mają jego ostatnie słowa: co miał na myśli? Co chciał mi powiedzieć? Czy chodziło mu o siostrę, czy o Joannę?

Nigdy się tego nie dowiedziałem. Mam jednak nadzieję, że niedługo się dowiem. Jeśli cię zraniłem, wybacz, przyjacielu. Przedstawienie jednak musi trwać dalej. Życie toczyło się dalej. W tym czasie byłem właścicielem dużego laboratorium i studia fotograficznego. Mój zakład prosperował zupełnie dobrze. Praca znów stała się moją odskocznią i azylem.

Po pewnym czasie zauważyłem, że znów wszystko wróciło we właściwie normalny, codzienny bieg życia. Prawie normalny. Między nami nie było już Petra. Był w nas. W naszych wspomnieniach i sercach. A tam ludzie nie umierają nigdy. Zostałem z Alenką. Została Joanna. Jednak między mną a Alenką odtąd nic nie było tak jak dawniej. Nadal sypialiśmy ze sobą, ale o wiele rzadziej. Czasem przechodziła do mnie, jednak coraz rzadziej. Nasz związek z wolna dogasał. Nie znałem powodu. Oddalała się, a ja nie wiedziałem, co się dzieje. Myślałem, że to wszystko przez śmierć jej brata. Bałem się, że to ja jej o niej przypominałem. Sam czułem się winny, że nie wyszedłem tej nocy po taksówkę razem z nim. Wiedziałem jedno.

Umieraliśmy. Żar dogasał.

Dziś niebo płacze

Ta noc miała być naszą ostatnią. Idąc do łóżka, nie wiedzieliśmy o tym. Deszcz dzwonił w szyby. Lenka stanęła w moich drzwiach zupełnie przemoczona. Krople wody spływały po jej twarzy, zatrzymywały się na rzęsach i ustach, by dopiero po chwili spaść. Wyglądała strasznie. Zupełnie rozmazał się jej makijaż. Choć nigdy nie używała dużo kosmetyków, teraz rozmyta maskara do rzęs sprawiała upiorne, prawie wampirze wrażenie. Nastawiłem ekspres do herbaty. Dałem jej szlafrok. Przebrała się i umyła. Wzięła malinową herbatę, którą dla niej zrobiłem i usiadła obok. Piła w milczeniu gorący napój, a ja patrzyłem na nią. Teraz, kiedy już doprowadziła się do porządku, wyglądała lepiej. Nie było już widać, że przed momentem przypominała deszczowego upiora. – W ciągu tych ostatnich miesięcy wyraźnie się zmieniła. Nie wiedziałem dlaczego. Myślałem ciągle, że to okropne wydarzenia ostatnich miesięcy tak na nią wpłynęły. Myliłem się. Tak bardzo się myliłem. Gdybym wtedy znał prawdę, może udałoby się wszystko zmienić. Kiedy skończyła pić, zapytała mnie prosto i beznamiętnie:

– Chcesz się ze mną dziś kochać? – Po czym dodała: – Ja chcę!

Mówiła to w taki pospolity, codzienny sposób. Jakby była prostytutką. Jakby pytała o kolejkę do dentysty albo o pogodę. To bolało. Mimo to odpowiedziałem:

– Tak, ja też.

Podeszła do mnie. Stanęła naprzeciw w odległości kilku centymetrów. Patrząc na mnie nieprzerwanie, wolno zdjęła szlafrok i odłożyła na bok. Stała nago. Była piękna. Zawsze twierdziłem, że jest cudem. Bo rzeczywiście była piękna. Było to jednak jej przekleństwem, jak przekleństwem jest dla norki cudne, miękkie futro. Futro, dla którego każdy myśliwy nie waha się nacisnąć spust swojej broni, by zabić i obedrzeć ją ze skóry. Piękno Lenki zaślepiało mnie. Zresztą, wy, kobiety, jesteście fascynujące i pociągające między innymi dlatego, że nikt i nic nie jest w stanie przewidzieć waszej decyzji. Umiecie ukrywać swoje uczucia i doskonale oszukiwać i kłamać. Nie jest to cecha wyłącznie kobiet, ale to wy jesteście silniejsze od nas. Właśnie między innymi dlatego, że robicie to znacznie lepiej.

Lenka swoim pięknem przyćmiła wiele. Zbyt wiele i zapłaciła za to wysoką cenę, najwyższą. Nie dostrzegłem jej zniszczonej cery i zmęczonych, szarych oczu. Nie potrafiłem odczytać, co mi mówiły, a nie było chyba jeszcze za późno. Włożyła swoją nogę pomiędzy moje i chwyciła twarz zimną dłonią. Potem usiadła okrakiem i pocałowała lekko, by każdy następny pocałunek był coraz odważniejszy i bardziej chciwy. Wsunęła język do moich ust i błądziła nim po moich wargach, po języku i zębach. Całowała szyję i drapała do krwi plecy. Była jak dzikie, nienasycone zwierzę. Jej pocałunki wędrowały po moim ciele. Bawiła się sutkami i drażniła je. Zdjęła ze mnie koszulę i odpinała spodnie. Kiedy skończyła i wsunęła tam zgrabne dłonie, chwyciłem ją i uniosłem, ona objęła moje biodra udami. Przycisnąłem ją do ściany, chwyciła mnie i wprowadziła w siebie. Spojrzała w oczy, uśmiechnęła się lekko i dla mnie niezrozumiale. Odchyliła głowę w tył i przymknęła powieki. Uniosłem ją lekko i opuściłem. Mocniej wbiła paznokcie w skórę. Uniosłem i znów opuściłem. Oblizała suche wargi. Uniosłem i opuściłem. Z gardła wydobyła ledwie słyszalny dźwięk, jakby troszkę głębszy oddech. Uniosłem i opuściłem. Jej biodra kołysały się rytmicznie w tym samym tempie. Nie przyśpieszała i nie zwalniała. Czułem tylko, jak rusza biodrami i oddycha.

Usłyszałem wyraźnie cichy jęk. Z każdym moim ruchem stawał się odtąd wyraźniejszy i łatwiejszy do odczytania. Kiedy wiedziała już, że przerwiemy na chwilę, otworzyła zamglone rozkoszą oczy. Nie wychodząc z niej, przeniosłem ją na łóżko i ostrożnie położyłem się wraz z nią. Czekałem.

Nasze oddechy się z wolna uspokajały. Poczułem znów, że nadchodzi nowa fala pożądania. Obróciła mnie i uniosła się raz. Potem opadła. Znów powtórzyła to samo, by następnym razem unieść się wyżej i opaść głębiej, by zrobić to szybciej, za każdym razem szybciej. Jej biodra znów poruszały się rytmicznie. Z każdym ruchem wiedziałem, że jest bliżej. Jej mokre włosy opadały na wilgotne ramiona, przyklejały się do skóry. Zamknięte oczy nie widziały nic. Piękne, rozchylone wargi przygryzała, napawając się tą chwilą. Z każdym jej ruchem w górę byłem bliżej nieba. Z każdym jej ruchem sterczące brodawki ocierały się o mnie, z każdym ruchem cała reszta traciła sens. Byliśmy tylko my. Kiedy poszybowała, odchyliła głowę do tyłu, odrzuciła włosy i przez te kilka ruchów, które jeszcze w swoim rytmie zatańczyła, okrasiła głośnymi jękami dopadającego jej ciała szczytu. W kilka chwil później w milczeniu leżeliśmy obok siebie, wsłuchując się w tykanie zegara. I we własne oddechy. Wiedziałem wtedy, że jest to już nasz ostatni raz. Ostatnia noc. Myślę, że ona też już to wiedziała, nawet wtedy, kiedy mokra stanęła w drzwiach. Żadne z nas nie miało odwagi powiedzieć o tym drugiemu.

Leżałem na plecach, wpatrując się bezmyślnie w sufit, powoli ogarniała mnie senność. Kochaliśmy się tej nocy namiętnie, delikatnie i dziko. Kochaliśmy się do rana, kiedy wreszcie wygrało z nami zmęczenie i zamykający oczy sen. Rankiem wstał przepiękny dzień. Jak zwykle wstaje dzień po wielkiej, niosącej zgrozę i zniszczenie burzy. Kiedy się obudziłem, była już ubrana. Właśnie wychodziła. Powiedziała tylko:

– Do widzenia.

I wyszła. Nic więcej.

Poszedłem do łazienki i spojrzałem na swoją szczoteczkę do zębów. Była sucha. Bez pasty, którą co rano mi nakładała. Wziąłem jej szczoteczkę. Była mokra.

Zrozumiałem wszystko do końca. Nie potrzebowałem potwierdzenia ani dowodu. Trzymałem go w ręku. Ja i ona od tej chwili nie znaczyło już my.

Zagraliśmy requiem dla siebie samych.

Tam, wszystko jest inne

Spotykałem ją potem jeszcze kilka razy. Nie mieliśmy jednak już nawet wspólnego tematu do rozmowy. Jakbyśmy się dopiero poznali i nic o sobie nie wiedzieli. Nie wykazywała większego zainteresowania moją osobą. Myślałem, że ma kogoś i chce o mnie zapomnieć.

Martwił mnie tylko jej stan. Nigdy nie wyglądała gorzej, nawet tej ostatniej nocy, kiedy przyszła, żeby – nie wiem – pożegnać się? Nie chciała rozmawiać. Nie mogłem zrozumieć. Myślałem wciąż, że przypominam jej o tym, co spotkało Petra.

Po jakimś czasie kontakt między nami się urwał zupełnie. Nie chciałem tego. Nie wiedziałem, co się z nią dzieje. Kiedy po kilku miesiącach zobaczyłem ją znowu, przeraziłem się. Wyglądała, jakby była ciężko chora. Bo była.

Spotkałem ją przed Hlavní Nádraží. Miała ciemną, zniszczoną cerę i worki pod oczami, nieumyte włosy i zniszczone, brudne ubrania. Chciałem porozmawiać. Zaprosiłem ją do siebie. Było późne popołudnie. Zgodziła się. Rozmowa między nami naprawdę się nie kleiła. Nie rozumiałem jej nadal. Mówiła wciąż, że ma wielkie problemy, że nikt nie chce jej pomóc. I że ma wszystko gdzieś. Zrobiłem jej kawę, potem jeszcze jedną i jedną. W końcu zrobiło się późno. Powiedziała, że mieszka z pewnym chłopakiem na Nowym Mieście. Zapytała, czy może zostać u mnie do rana, że jest bardzo zmęczona i nie chce już się wlec metrem. Zgodziłem się. Przygotowywałem jej łóżko. Wzięła swój plecaczek i zamknęła się kobiecym zwyczajem na wieczność w łazience. Po chwili wyszła, wzięła z lodówki cytrynę. Zdziwiło mnie to trochę, ale nie rozumiałem nadal – zająłem się nakładaniem pościeli, skończyłem i poszedłem jej powiedzieć, że wszystko już gotowe.

Kiedy otworzyłem drzwi od łazienki, zrozumiałem. Siedziała na brzegu wanny. Na ręce powyżej łokcia miała opaskę uciskową z kawałka skórzanego paska. Trzymała w ręku łyżeczkę do kawy i podgrzewała zapalniczką zawartość. Obok wyciśniętej cytryny leżała strzykawka z założoną igłą.

Nie wiedziałem, jak zareagować. W tym czasie wstrzyknęła sobie zawartość strzykawki. Widziałem wyraźnie, jak niecierpliwie i szybko wkłuwa się trzęsącą ręką w żyłę. Jak pociąga tłokiem, by sprawdzić, czy się udało. Jak zaciąga do mętnego płynu trochę krwi. Jak krew rozpływa się leniwie wewnątrz strzykawki. Wreszcie jak wprowadza zawartość do organizmu i jak dopada ją błogostan. Uśmiechnęła się do mnie i zapytała:

– Wiesz już?

Nie wiedziałem, co powiedzieć. Byłem niczym trafiony piorunem. Po chwili wszystko zaczęło się w mojej głowie układać w jedną zwartą całość. To, co mówiła, to, jak wyglądała i gdzie ją spotkałem. Podszedłem, wyjąłem strzykawkę z ręki. Widziałem świeże ślady i stare zrosty. Boże – pomyślałem. – Lenka, przecież ona nigdy nie zapaliła skręta. Nie paliła nawet papierosów!

– Biorę jeszcze w pięty.

– Jak długo?

– Za długo – odparła. – Za długo, skarbie! Zaczęłam, kiedy jeszcze byliśmy razem, kiedy jeszcze sypialiśmy ze sobą – zaśmiała się histerycznie.

– Ten twój chłopak to dealer, prawda?

Przestała się śmiać i nagle rozryczała się. Mówiła teraz przez płynące jej strumieniem po policzkach wielkie jak groch łzy:

– Tak, to on daje mi ćpanie. W zamian sypiam z nim i mieszkam. Jak kurwa. Nienawidzę go i brzydzę się nim! Nienawidzę siebie. Ale nie potrafię przestać, nie potrafię! Nie umiem. Nie potrafię...

Nie potrafiła też już nic z siebie sensownego wydusić, zresztą nie chciałem już niczego więcej. Wiedziałem wszystko, czego potrzebowałem.

Nie mogłem jej tak zostawić.

Kiedy następnego ranka rozmawiałem z nią, zgodziła się na wszystko, czego zażądałem. Wahała się tylko, kiedy poprosiłem o adres. Wiedziała, co ją czeka. Próbowała już dwa razy odtrucia. Ja nie wiedziałem, nie spodziewałem się, że to może tak wyglądać!

Zadzwoniłem na policję, podając adres tego dealera. Zamknąłem ją potem na dwa dni w pokoju, a sam czuwałem za ścianą. To, co robiła z nią wychodząca trucizna, było straszne. Wrzeszczała i waliła pięściami w drzwi, wyła i płakała. Pociła się okropnie śmierdzącym potem. Niczego nie chciała jeść, piła za to dużo. Trzeciego dnia było już lepiej. Była spokojna i dużo spała. Nie otwierałem jednak dalej drzwi. Telefonicznie kontaktowałem się z poradnią dla uzależnionych. Podali mi wiele cennych informacji dotyczących leczenia. Poszedłem pod wskazany adres, który mi podali. Był to ośrodek odwykowy. Po dosyć długiej rozmowie z jednym z pracowników wiedziałem już, co mam robić. Za kilka dni miało się zwolnić miejsce. Wpłaciłem należną sumę i czekałem.

Lenka mieszkała ze mną, ale pilnowałem, by nie opuszczała domu. Wiedziałem, że chce wyjść z tego. Wierzyłem w nią. Warunkiem przyjęcia do ośrodka była zgoda się wszystko i dobrowolne poddanie się leczeniu. Zgodziła się. Po kilku dniach zawiozłem ją tam i zostawiłem. Odwiedzałem ją raz w tygodniu, bo tylko na tyle nam pozwalano.

Odnalazłem jej matkę i wyjaśniłem całą sprawę. Powiedziała, że nie chce o niczym słyszeć i nic ją to nie obchodzi. Nie mogłem tego zrozumieć. Zrozumiałem później. Była alkoholiczką. Po śmierci Petra zaczęła pić i wpadła w nałóg, tak jak córka w narkotyki.

Przebywała w podobnym jak Lenka zakładzie, tyle że dla uzależnionych od alkoholu.

Kiedy kolejny raz, chyba już piąty, pojechałem odwiedzić Lenkę, okazało się, że uciekła. Po prostu zwiała. Po mojej ostatniej wizycie w niedzielę najnormalniej w świecie zwiała. Ruszyłem w miasto na poszukiwania. Jeden z byłych – zresztą kto ich tam wie, byłych czy chwilowo wyleczonych – narkomanów z ośrodka podał mi miejsca ich spotkań.

Wiedziałem gdzie iść. Potem, uśmiechając się smutno, życzył mi powodzenia. Odnalazłem ją tego samego dnia na stacji metra. Zabrałem do domu. Powiedziała, że nie potrafiła już dłużej wytrzymać i uciekła.

– Władowałam sobie dopiero trzy razy i wszystko jest dobrze. Przecież nie jestem już uzależniona. Przeszłam detoks i odwyk. Wzięłam, bo kontroluję siebie. Nauczyli mnie tego w przytułku. Tylko lubię być nakręcona. Słuchałem jej narkomańskiej gadki. Ogarniała mnie wściekłość i przerażenie. Wiedziałem, że ją znów odtruję, ale co będzie dalej? Znów ucieknie?

I rzeczywiście zrobiłem tak. Tym razem detoks przeszedł zupełnie gładko, bo wzięła tylko kilka razy. Siedziałem w pokoju, myśląc, aż wpadłem na pewien pomysł. Zadzwoniłem do dziadka. Doradził mi. Poczekałem na zupełne odtrucie, wsiadłem w auto i pojechaliśmy do Polski. Kiedy tam przyjechaliśmy, wszystko było już gotowe. Dziadek wiedział dokładnie, co trzeba robić. Zostawiłem ją tam pełny nadziei, że się wyleczy. Byłem ufny w możliwości edukacyjne i terapeutyczne dziadka. Przecież mnie potrafił kiedyś pomóc. Pojechałem tam za miesiąc i wszystko było na bardzo dobrej drodze. Dziadek troszczył się o nią. Nie pozwalał, aby się nudziła. Babcia dbała, aby się dobrze odżywiała. Spodobało się jej u dziadków. Nauczyła się już trochę mówić po polsku, choć tu akurat nie było problemu. Kiedy przyjechałem znów, Lenka wyglądała wspaniale, przytyła troszeczkę, nie była już tak przeraźliwie chuda. Jej cera odzyskała naturalny wygląd. Mówiła już o wiele więcej i nawet nauczyła się przeklinać. Śmiała się teraz znacznie częściej. Wszystko było na dobrej drodze. Wiedziałem, że nie mogę jej teraz zostawiać.

Po powrocie do Pragi powiedziała, że musi iść do lekarza. Uznałem, że to doskonały pomył. Zawiozłem ją do jednej przychodni, a potem do drugiej. Była dziwnie niespokojna. Nie próbowała wracać na dworzec, więc byłem zdziwiony, że tego dnia, kiedy miała odebrać wyniki badań, nie wróciła do domu. Poszedłem jej szukać. Nigdzie jej nie było. Rano odebrałem telefon.

– Pan Artur Sadowski?

– Tak, słucham.

– Komenda policji Praga-Miasto, proszę się zgłosić do nas jak najszybciej – podał mi adres i wyjaśnił, że przez telefon może powiedzieć tyle, że sprawa dotyczy pewnej narkomanki.

Wiedziałem, jakiej narkomanki. Tyle, że ona dla mnie była Lenką, moim przyjacielem. Wiedziałem już, o co chodzi. Pewnie złapali Lenkę z towarem i zadzwonili po mnie. Nie miała przecież oprócz mnie nikogo na świecie, kto by nie ćpał. Martwiłem się, że pewnie znów trzeba będzie zaczynać od nowa. Jechałem po nią i myślałem, że teraz na pewno się uda. Była już tak bardzo blisko wolności. Jednak, kiedy tam wszedłem, poczułem zimny dreszcz. Ogarnęły mnie złe przeczucia. Policjant popatrzył na mnie i podał mi kartkę papieru.

– Znaleźliśmy to przy niej.

Drogi, najwspanialszy Arturze! Wiem, że skoro czytasz ten list, oznacza to, że mnie nie ma już między żywymi. Nie obwiniaj mnie za nic, bardzo chciałam wyjść z tego i Ty mi bardzo w tym pomogłeś – dziękuję ci za to. Dowiedziałam się przedwczoraj, że jestem w dziesiątym tygodniu ciąży. Potem czekałam tylko na wyniki. Spodziewałam się tego. Chciałam się tylko upewnić. Mam HIV. Nie pozwolę, aby moje dziecko przeżyło koszmar, nikomu przecież nic nie zrobiło. Pewnie nie wiedziałeś o tym, ale kiedyś przy pierwszym detoksie zrozumiałam, że było mi z Tobą najlepiej. Dziś odchodzę, niech Twoje wspomnienia o mnie pozostaną z czasu, kiedy było nam najlepiej. Inne niech umrą wraz ze mną. Żegnaj. Na zawsze Twoja Lenka!

– Znaleźliśmy ją wczoraj w nocy na stacji metra – powiedział policjant. – W ręku trzymała ten list, w zgięciu nadgarstka tkwiła strzykawka. Władowała sobie „złoty strzał". To stuprocentowe samobójstwo. Czy mógłby pan zidentyfikować zwłoki?

Zaprowadzili mnie do kostnicy. Wysunęli ją z szafy i odkryli twarz.

Uwierzyłem. To była ona. Była dziwnie spokojna. Nawet zadowolona. Na dużym palcu u nogi zawiesili jej kartonik. Imię, nazwisko, data i przyczyna zgonu. Data urodzenia. Za dwa miesiące miała skończyć dwadzieścia cztery lata.

Tydzień później odbył się pogrzeb. Nie poszedłem, nie mogłem. Wiedziałem i tak, jak to wygląda. Już nie raz najbliżsi mi ludzie mnie opuszczali. Nie chciałem znów tego oglądać. Przegrałem. Wiedziałem, że nie będę płakał. Nie płakałem. Wolałem się w samotności upić. Kilka miesięcy później poszedłem na miejsce, gdzie spoczęła na zawsze.

Wybaczyłem sobie i jej. Położyłem bukiet białych róż. Pobyłem tam z nią chwilę i odszedłem na zawsze. Nigdy nie wróciłem już na tamto miejsce. I nigdy już nie wrócę.

Jak Ikar

Po śmierci Petra i Lenki poznałem bliżej wybrankę Petra. Z nas trojga, to dla niej jego śmierć była najcięższym ciosem. Może największym w życiu. Kiedy między mną a Lenką wyraźnie wszystko się psuło, zdarzyło się coś, czego bardzo żałuję. Upiliśmy się i wylądowałem u niej w sypialni. Kiedy było już po wszystkim, usiadłem na łóżku i zapaliłem papierosa. Wyszedłem na balkon i kiedy poczułem chłodny wiatr na twarzy, z oczu popłynęły mi łzy.

Zapytała, co mi jest, a ja nie odpowiedziałem. Co mogłem jej odpowiedzieć? Nic się nie zmieniło. Wszystko było jak dawniej. A mimo to nigdy już nic nie było takie samo. Wiedziałem, co mam robić. Wtedy właśnie zrozumiałem, że jestem toksyczny. Wszyscy, którzy mnie pokochali, umierali. Rozbijali się o mnie jak morskie fale rozbijają się o przybrzeżne skały. Nie mogłem dopuścić, aby ona mnie pokochała. Nie mogłem dopuścić, aby się o mnie rozbiła. On mnie o to prosił właśnie.

Płakałem wtedy, paląc papierosa na balkonie jak dzieciak. Zupełnie jakbym był znów w internacie i palił skręta z Mandarynem na końcu korytarza. Płakałem, bo uświadomiłem sobie, że doświadczam czegoś, co jest najstraszniejsze w życiu człowieka. Doświadczam samotności wśród ludzi. Zrozumiałem, że nie mogę funkcjonować jak każdy zwykły człowiek. Każdy kochał i był kochany, a ilekroć ja pokochałem, wkrótce człowiek ten znikał z mojego życia.

Pojąłem tę straszną prawdę i wszystko było już jasne. W milczeniu ubrałem się i bez słowa wyjaśnienia wyszedłem w noc. Nigdy potem jej nie spotkałem. I wiem, że tej nocy podjąłem właściwą decyzję.

Kilka lat potem odnalazła mnie w Holandii. Przysłała list. Napisała, że jest szczęśliwą matką i żoną. Ma męża, którego kocha, i dwóch synów, których kocha jeszcze bardziej. Trzy tygodnie po śmierci Lenki odszedł mój ukochany dziadek. Byłem przy tym i takiej śmierci, jaką miał, życzę każdemu. Leżał w białej pościeli. Każdy oddech sprawiał mu trudność. Wszyscy z rodziny byli przy nim.

Miał osiemdziesiąt dwa lata, przeżył dwie wojny światowe i był dla mnie wielkim człowiekiem. Był wielkim autorytetem, zawsze się liczyłem z jego zdaniem, dlatego też nie wstrząsnęła mną jego śmierć, choć było mi smutno.

Powiedział, że odchodzi do lepszego świata i że kiedyś się spotkamy. Wszyscy. Mam się nie bać jego odejścia i żyć dalej, bo on i tak będzie przy mnie. Pamiętam dokładnie jego ostatnie słowa:

– To już osiemdziesiąt dwa lata, bardzo szybko mi zleciało.

Uścisnął mi rękę i najzwyczajniej zasnął. Zamknął oczy i zasnął. Po policzku popłynęła mu wielka łza i rozbiła się o pościel. Tak umarł jeszcze jeden człowiek, którego kochałem. A mi było tylko trochę smutno. Jakiż świat jest dziwny, niezrozumiały i nieodgadniony?

Niepojęty. Przez wiele lat mi go brakowało, teraz wiem, że był w moim życiu wtedy, kiedy najbardziej go potrzebowałem. Zazdroszczę mu tego, jak żył i jak pięknie umarł. A kiedy teraz patrzę na wszystkie te zdjęcia, wiem, że to, co w życiu osiągnąłem, zawdzięczam właśnie jemu. Nie byłoby ani jednego z nich bez mojego dziadka. Wskazał mi pewnego lata, kiedy byłem jeszcze bardzo młody, jak mam żyć i co robić w życiu. Teraz jest we mnie.

Kiedy stałem nad jego trumną, tak bardzo pragnąłem zapłakać. Jednak nie zapłakałem.

Nic mnie już w Czechach nie trzymało. Mogłem wyjechać. Przyjąłem propozycję współpracy od jednej z zachodnioeuropejskich agencji prasowych i wyjechałem. Do Holandii. Sprzedałem mieszkanie w Pradze i za resztę moich oszczędności kupiłem to mieszkanie, w którym teraz jesteśmy. Dzięki temu znów mogłem zaczynać od początku. Znów na progu nowego życia.

Pamiętam pierwszy lot do Den Haag. Wylot o 14. Stałem, patrzyłem, jak samoloty kołują na Ruzyně. Potem wszystko zostało na dole i miałem zobaczyć nowy świat. Zostawiłem wszystko za sobą, spaliłem wszystkie mosty.

Na początku było bardzo trudno. Cholernie trudno. Miałem prawie trzydzieści lat. Byłem sam jak palec w obcym kraju i nie władałem angielskim zbyt biegle. Pracowałem przez pierwsze lata bardzo intensywnie. Wyjeżdżałem, by sfotografować kogoś ważnego, jakiegoś dupka albo nadętą paniusię i jakieś wydarzenia. Uciekałem znów. Czas biegł. Współpracowałem z różnymi wydawnictwami. Od nowa zaczynałem prawdziwą karierę. Ciągle czegoś mi brakowało. Świat się zmieniał. W Polsce, NRD i Czechosłowacji skończył się komunizm. Skończyła się Czechosłowacja. Na Bałkanach zaczęło robić się coraz goręcej.

W maju 1991 roku Serbowie z byłej armii jugosłowiańskiej, ci od Miloševića, zaczęli strzelać do policji chorwackiej. W czerwcu także do Słoweńców, ale tam wojna zakończyła się już w październiku. Chorwaci musieli się bronić o wiele dłużej. Spokojna dotąd Jugosławia spod znaku wczasów umarła wraz ze śmiercią Tito. W lutym 1992 roku Bośnia i Hercegowina ogłosiły niepodległość ze stolicą w Sarajewie. Serbowie rozpoczęli oblężenie miasta trwające, jak się okazało, trzy i pół roku. W czerwcu 1993 roku znów zawrzało.

Serbowie mieszkający w Chorwacji proklamowali Serbską Krajinę. Muzułmanie zaczęli strzelać do Chorwatów. Kocioł Bałkański wrzał. Ludzie, którzy dotąd żyli w świetnej komitywie, strzelali do siebie. Mordowali się nawzajem, nie wiedząc za co i dlaczego. Fotograf, który miał tam pojechać, nagle zachorował. Zaproponowano mi, abym go zastąpił. Wahałem się tylko przez chwilę. Podjąłem wyzwanie. Wiedziałem, że nie mam kompletnie doświadczenia w takiej fotografii, ale byłem pewien, że sobie poradzę.

Był czerwiec 1993 roku. W kilka dni po tej decyzji leciałem wielosilnikowym C-130, wraz z pomocą humanitarną. Obładowany sprzętem, zmierzałem do serca wojny. Do oblężonego Sarejewa. Nie wiedziałem, co mnie tam czeka i co zobaczę. Bałem się okropności wojny. Wreszcie bałem się śmierci. Nie własnej, ale jednak.

Jak się okazało, nie spodziewałem się tego, co tam mnie spotkało. Potężne silniki oliwkowozielonego herkulesa buczały złowieszczo i głośno. Lecieliśmy ponad chmurami. Pierwszy raz w życiu widziałem je od tej drugiej strony, oświetlone słońcem. Wyjąłem mojego Canona i zrobiłem oczarowany widokiem kilka zdjęć. Kiedy skończyłem, czarnoskóry żołnierz, lecący ze mną, dotąd milczący, spojrzał z obrzydzeniem. Potem rzucając kewlarowy hełm i kamizelkę kuloodporną, rzekł:

— Załóż to i nigdy nie zdejmuj, bo cię tam rozwalą jak kaczkę w tym twoim pedalskim ubranku.

Nie rozumiałem. Byłem ubrany w szare, luźne spodnie z kieszeniami na nogawkach i czarną flanelową koszulę z kamizelką. Szybko przekonałem się, że miał rację. Po wyjściu z maszyny zrozumiałem, o czym mówił. W samolocie nie rozumiałem niczego. Założyłem tylko hełm i usiadłem na złożonej kamizelce. Siedziałem w milczeniu pomiędzy skrzyniami z lekami, jedzeniem i ubraniami.

Za małym, okrągłym oknem świat robił się coraz większy i bliższy. Bardziej realny i prawdziwy. Spojrzałem jeszcze raz przez okno i nałożyłem opaskę z napisem „journalist" na rękaw 13. Samolot leciał już bardzo nisko. Mogłem dostrzec szczegóły Sarejewa w dole ściśniętego nad Miljacką. Ogromna połać szarych budowli. Gdzieniegdzie unosił się dym. Miasto leżało ukryte pośród wzgórz. Z daleka wyglądało na uśpione i szare. Dopiero, kiedy samolot nadleciał bliżej, widziałem już czerwone dachy białych domków i daleko przytulone do otaczających wzniesień wieżowce centrum. Miasto rozlewało się po dolinach. Z bliska wszystko było już zupełnie inne. Widziałem co jakiś czas jak błyskały ogniki na wzgórzach. Wieżowce w centrum, które widziałem z daleka, były jak się z bliska okazało tylko rusztowaniem betonu i żelastwa bez szyb z piętrami zawalonymi wybuchami pocisków artyleryjskich. Pośród czerwonych dachów niskiej zabudowy zionęły pustką czarne szczerby spalonych domów.

Nagle samolotem zatrzęsło i potwornie zawyły wszystkie cztery silniki. Nie słyszałem, co krzyczy mój współtowarzysz. Wreszcie pokazał mi ręcznie i zrozumiałem. Musiałem się po prostu trzymać, czego się dało. Herkules gwałtownie opadał. Pomyślałem, że wcześniej – tak naprawdę – nie czułem strachu w samolocie. Dopiero teraz zacząłem się bać. Panicznie. O życie. Na czoło wystąpił mi zimny pot, na plecach poczułem dreszcze. Spojrzałem w okienko, by w tym samym momencie tego pożałować. Ziemia zbliżała się w tak szybkim tempie, że myślałem tylko o tym, by się to jak najszybciej skończyło. Kiedy skrzydła ocierały się już niemal o korony drzew, pilot wyrównał stery i samolot, przestając wyć, powrócił do poziomu. Mnie wnętrzności podeszły do gardła – myślałem, że zemdleję. Maszyna wolno zbliżała się do betonowych płyt lotniska, by po chwili uderzyć podwoziem o grunt, odbić się i znów zetknąć się z ziemią. W samolocie wszystko podskoczyło do góry. Dziękowałem za bezpieczne lądowanie, ale ono się jeszcze nie skończyło. Samolot, powoli kołując, zbliżał się do zabudowań. Obok, równiutko, jeden na drugim, leżały worki z piaskiem. Trzymając canona, wyskoczyłem przez otwarty luk i już na zewnątrz zrobiłem serię zdjęć. Wskoczyłem z powrotem do herkulesa, a siedzący tam żołnierz pokiwał głową i krzyknął:

– Długo nie pociągniesz, durny jesteś albo nie chcesz żyć!

Potem mruknął pod nosem coś po holendersku i przestał się mną interesować. Grupa żołnierzy w metalowych hełmach szybko przenosiła ładunek do opancerzonych samochodów, dodatkowo osłoniętych rękawem worków z piaskiem. Robili to sprawnie i szybko. Wziąłem wszystkie moje bagaże ze sobą, założyłem kuloodporną kamizelkę i przebiegłem do transportera.

Wewnątrz powitał mnie barczysty porucznik UNPROFOR. Odezwał się po angielsku z wyraźnie francuskim akcentem:

– Witam w piekle. Cieszę się, że pana widzę, ale będę się cieszył dalej, jeśli zobaczę, jak pan wróci za jakiś czas do samolotu. – Po czym dodał:

– Żywy! Bo to tylko jedna z dróg powrotu stąd.

Nie powiem, jego powitanie nie ucieszyło mnie zbytnio. Tym bardziej że wiedziałem już o śmierci na Bałkanach szesnastu dziennikarzy z różnych krajów. Pozostałych siedmiu uważano za zaginionych. Jechaliśmy w kołowym transporterze opancerzonym, a ja myślałem o tym, co mnie tu spotka. Pod pancerzem było gorąco i duszno. Było też tak głośno, że aby się zrozumieć, musieliśmy podnosić głos.

Wreszcie dotarliśmy do bazy strzeżonej przy bramie przez wartowników w niebieskich hełmach. Za workami z piaskiem stały ciężkie karabiny maszynowe na trójnogach. Wyrośnięci i potężnie zbudowani czarnoskórzy żołnierze groźnie spoglądali spod krawędzi kewlarowych hełmów, leniwie żując gumę.

Zakwaterowano mnie z Amerykaninem i dwoma wyspiarzami. Amerykanin miał na imię Tom, Anglicy – Will i John. Tom na pozór był zwykłym facetem. Niewysoki, ale mocno zbudowany i ubity w sobie jak Mike Tyson. Spokojny i mówiący bardzo wyraźnie. Tyle tylko, że potrafiłby dwoma ruchami – a czasem i jednym – zabić człowieka. Był byłym pilotem USAF i jak się okazało niemal każdego dnia naszej znajomości zadziwiał mnie i imponował mi.

Nie zdawałem sobie sprawy, kim był, do chwili, kiedy zobaczyłem go w akcji. Napadło nas kiedyś czterech Serbów. Chcieli ukraść nasze aparaty fotograficzne. Oczywiście nikogo wtedy nie zabił, ale od tej chwili wiedziałem już, że wszystkiego o nim nie wiem. W ciągu paru godzin dowiedziałem się potem kilku rzeczy, o których nigdy nie myślałem.

Opowiedział, co przeżył, kiedy nosił mundur, i jakie rzeczy mogą się jeszcze na cholernych Bałkanach – jak mawiał – wydarzyć. Wkrótce sam przekonałem się, że to nie były tylko opowieści. Przekonałem się na własnej skórze. Anglicy byli zupełnie inni. Podobni do siebie w swojej powierzchowności, wysocy, lekko piegowaci, blondyni z lekkim rudawym tonem… ten odcień Tom określał jako Królewski Blond. Wyspiarze, w swoim niemal identycznym rudawym zabarwieniu włosów tak bardzo podobni, stanowili przykłady dwóch przeciwnych charakterów. Pierwszy – flegmatyczny do granic możliwości. Drugi wybuchowy, narwany i właściwie można by rzec, że wręcz nadpobudliwy. Pierwszy jedzący regularnie posiłki, przeżuwający każdy kęs nie mniej niż dwadzieścia jeden razy (bo to zdrowo na żołądek) i unikający przeziębień, zawsze z szalikiem i ciepłą herbatą. Drugi jąkający się, kiedy się zdenerwował. Wiecznie w kłębach papierosowego dymu ciągle dopijający zimną kawę. Z mlekiem oczywiście. Obaj, wbrew logice, stanowili tak udany team, a zewnętrznie – niecodzienną parę – że natychmiast podkreślono ich wyjątkową indywidualność i przeciwności, nadając im ksywkę: Flip i Flap.

Tyle tylko, że nikt nie mógł jednoznacznie ustalić, który był którym, więc nie funkcjonowali osobno, a jedynie razem.

Kiedy Bośnia i Hercegowina proklamowały niepodległość, Milošević i jego nacjonaliści wściekli się. Sarajewo, jako stolica, zostało okrążone i cały czas było ostrzeliwane przez serbską artylerię złożoną z ciężkich dział i moździerzy umieszczonych wokół na wzgórzach. My siedzieliśmy w tym kotle z setkami tysięcy mieszkańców. Każdy z nas codziennie mógł zginąć.

Stara Jugosławia rozpadła się na sześć mniejszych państewek. Serbowie zaczęli walczyć z Chorwatami. Zresztą ze Słoweńcami także. Cała Europa, cały świat – wszyscy patrzyli, jak giną zwykli ludzie. Nikt się tym nie przejmował. Nie było tutaj ropy, jak w Kuwejcie. Nikogo nie interesowały matki bez synów, żony bez mężów i siostry bez braci. Skurwysyństwo świata zachodniego przejawiło się wtedy z całą swoją jaskrawością. Byli tutaj tylko ludzie, ale oni się nie liczyli.

Następnego dnia po wylądowaniu wyszedłem z Tomem. Zobaczyłem prawdziwe oblicze miasta. Mimo wszystko nadal żyło. Ludzie jak cienie przemykali w pośpiechu przy murach. Byle szybciej i byle jak najkrócej na otwartym terenie. Z otaczających wzgórz wciąż dochodziły nas odgłosy salw ciężkiej artylerii Serbów. Kiedy przemykaliśmy przez ulice, pochyleni, czujni, co jakiś czas słyszeliśmy złowieszcze świsty w powietrzu.

Zrozumiałem, że to głos nadchodzącej śmierci. Każdy taki świst był krokiem do wieczności. Niósł ze sobą ból, cierpienie, łzy i zniszczenie. Każda napotkana ludzka twarz, szara, z zalęknionymi oczami, zdawała się mi o tym nieustannie przypominać.

Nagle zdajesz sobie sprawę, że za kilka cholernych chwil może cię trafić szlag. Kilkanaście dekagramów ołowiu albo stali i zginiesz. Jesteś od tej chwili jedynie kawałkiem ludzkiego ścierwa. Myślisz, że twoje życie coś znaczy? Że jesteś wyjątkowy, że potrafisz kochać i być kochanym.

Tak, dokładnie tak samo, jak dziesiątki tysięcy Serbów, Chorwatów, Słoweńców, Macedończyków i wszystkich tych, którzy zginęli przez tę bezsensowną wojnę. Bezsensowną jak każda. Nigdy, żadna wojna – żadne rozwiązanie, kiedy mają być mordowani ludzie – nie jest rozwiązaniem. Jest tchórzostwem, morderstwem – tego się tam nauczyłem. Politycy jednak mogą mordować.

Po kilkunastu tygodniach wojny do wielu rzeczy się przyzwyczaiłem. Zadziwiające, że człowiek w każdych warunkach to potrafi. Tom był dla mnie przewodnikiem. W tym strasznym czasie zżyliśmy się bardzo. Niedola i życie w ciągłym niebezpieczeństwie mogą szybko zbliżyć do siebie ludzi. Teraz o tym wiem, wtedy jeszcze nie wiedziałem. Kiedyś graliśmy z Flipem i Flapem w karty i oni jak zwykle wygrywali. Tom nazwał ich więc „pieprzonymi dżemojadami". Oni w odwecie nazwali go

„cholernym jankesem". Prawda jest taka, że choć jankesi nie grzeszyli czasem bystrością, to jednak „pieprzeni dżemojadzi" pomimo tych swoich ciągłych kłótni potrafili się jednoczyć. Ale niewątpliwie byli przedmiotem naszych kpin. Nigdy żaden z nich nie wyjaśnił nam pragmatycznie i z sensem faktu, dlaczego w ich dziwnym kraju jeździ się pod prąd. Dlaczego w każdej umywalce są dwa krany – jeden z zimną, a drugi z ciepłą wodą. I za to kochaliśmy wyspiarzy. Angole kłócili się ze sobą o drobnostki. Wystarczyło parę chwil, i ja się z nich śmiałem. Kiedyś po ich wyspiarskiej sprzeczce po chwili zamilkli, popatrzyli na mnie i Will rzucił:

– I co się śmiejesz, kasztanie!

– Tylko nie kasztanie, frajerze, to mój kumpel i nie je ciągle dżemu! – bronił mnie przez łzy śmiechu Tom.

– Tego już, kurwa, za wiele – nie wytrzymał narwany Flap...

Angole rzucili się na nas. Walczyliśmy, tarzając się po podłodze, przezywając się nawzajem i ciągle się śmiejąc. Wyglądaliśmy pewnie jak dziesięcioletni chłopcy na szkolnym korytarzu. Wrzaski i odgłosy toczącej się walki zwabiły do naszego pokoju żołnierzy. Kiedy otworzyli drzwi, usłyszeliśmy:

– Patrz... cholerne pedały. Od tych aparatów i kamer odbija im. Świry! Cioteczki. Dobrze już, dobrze – koleżanki – nie przeszkadzamy wam. – Trep zmienił głos i zabawiał się w teatrzyk, grając zmanierowanego geja.

– Dobrze, że nie jestem taką ciotą – dodał drugi.

Usiedliśmy na łóżkach i ciągle się śmiejąc, zaczęliśmy układać porozrzucane karty. Żołnierze, widząc już ogólny spokój, pokręcili głowami z dezaprobatą i wyszli na korytarz. Wtedy Tom na całe gardło wrzasnął:

– Pewnie... Sisy!

Usłyszeliśmy odgłos ciężkich butów na korytarzu. Biegli do nas. Nikt z nich nie lubił, jak określało się tutaj kogoś imieniem Sisy. Był to pseudonim jakiejś Drag Queen, o której ktoś kiedyś opowiadał i tak już zostało.

Koszary mają własne prawa. John przytrzymał drzwi, a my uzbroiliśmy się w poduszki. Kiedy daliśmy znak Johnowi, otworzył drzwi. Żołnierze, wbiegając do środka, wpadli w zasadzkę. Rzuciliśmy się na nich z poduszkami i kocami. Jak dzieci. To była jedna z nielicznych chwil tej wojny, kiedy oderwaliśmy się od rzeczywistości. Zapomnieliśmy, że za oknami co chwilę giną ludzie. Zapomnieliśmy, że ludzie strzelają do innych tylko za to, że żyją. Że człowiek chce pozbawić innego człowieka życia tylko za to, że nie jest tak jak on, Chorwatem, czy odwrotnie, za to, że ktoś jest Serbem. A przecież jest człowiekiem tak samo jak ty.

Miasto oblężone

Przez te kilka miesięcy wielu rzeczy się nauczyłem. Nauczyłem się poruszać w tym mieście. Poznałem je, łyknąłem też troszkę serbsko-chorwackiego. Wszystkiego nauczył mnie Tom, który od tej pamiętnej bitwy na zawsze został Jankesem. Dla mnie, dla dżemojadów i dla tych trepów. Z czasem przyzwyczailiśmy się do tego, że prawie każdy, kto nas znał, zwracał się do nas per Jankes i per Kasztan. Tom był tu sześć miesięcy dłużej, więc prawie zawsze wychodziliśmy razem. Nauczył mnie radzić sobie w oblężonym mieście.

Był kiedyś amerykańskim żołnierzem, pilotem śmigłowca. Spędził dwa i pół roku w Wietnamie. Od połowy siedemdziesiątego do końca siedemdziesiątego drugiego.

– Tak, Arturze... strzelałem do ludzi. Latałem na OH-58A Kiowa. Latałem też na hueyu. Kiedy jesteś tam, w górze, kilkaset metrów nad ziemią w maszynie i naciskasz spust karabinu kaliber 12,7 milimetra, strzelając, widzisz tylko rozrywające się pociski. Widzisz tylko część tego, co robisz. Nie widzisz ludzkiej tragedii. Nie czujesz żaru wzniecanych pożarów. Nie słyszysz płaczu dzieci i nie widzisz umierających matek. Były to słowa, których nigdy nie usłyszałem od innych pilotów. Żaden nie odważył się ich wypowiedzieć. Choć wszyscy je znali. Potem, kiedy poznałem Toma jeszcze lepiej, zrozumiałem o wiele więcej. Wietnam odcisnął na nim swoje piętno. Zawsze, jeśli brał ze sobą gdziekolwiek broń, zapiął ją w pasek spodni, tak jak nie czynił tego nikt inny. Kiedy zapytałem o to, odpowiedział:

– Nie może być tak, jak u żołnierzy z ziemi. W maszynie jest niepotrzebny, więc musi być zapięty tak, jakby go nie było. Kiedy jestem w maszynie i mam amunicję – jestem bezpieczny. Prawie nic nie jest w stanie mi zagrozić. Kłopot zaczyna się, kiedy znajdziesz się na ziemi. Wtedy ten kawałek blachy jest twoją jedyną bronią. Dlatego go tak noszę. Wiesz... po prostu się przyzwyczaiłem. Już nie latam, ale gdybym zapiął go inaczej, ciążyłby mi.

Czasem Tom budził się z krzykiem w środku nocy, zlany potem, oddychając głęboko. Nigdy nie powiedział nam, co się mu śni. Czasem odrywał się od rzeczywistości na kilka chwil, zapatrzony w dal, nie reagując. Kiedyś w kantynie piliśmy piwo i rozmawiałem z nim. Tom nie był nigdy agresywny. Siedzieliśmy prawie na samym końcu sali przy drzwiach. Wokół było mnóstwo papierosowego dymu i wszyscy się przekrzykiwali. Mimo to jeden z żołnierzy, siedzący przy sąsiednim stoliku, zdaniem Toma zachowywał się zbyt głośno. Jak to sam określił: denerwował go.

– Nie krzycz tak, kocie, słyszysz?

Ten spojrzał na Toma pogardliwie i zignorował uwagę, wrzeszcząc do swojego kompana jeszcze donośniej. Tom bez słowa dopił resztkę piwa. Odstawił kufel na stolik. Mruknął cicho pod nosem:

– Mówiłem ci.

W całkowitej ciszy i spokoju podszedł do morgo. Chwycił zręcznym chwytem. Uderzył otwartą dłonią w splot słoneczny, na co temu zabrakło tchu i zaczął się dusić.

Patrzyłem na to ze zdziwieniem. Tom, dotąd spokojny i opanowany, teraz niczym rozjuszony rottweiler, tłumaczył duszącemu się młodzikowi na ucho coś, czego nie słyszałem. Kiedy skończył, odchodząc, uderzył bladego jak ściana nieszczęśnika w łydki. Ten padł na kolana, trzymając się za szyję. Tom potem nie pamiętał, że to zrobił. Nie pamiętał też dlaczego.

Pewnej nocy, w zimie 1994 roku, w nocy krzyczał przez sen, budząc wszystkich, a my nie mogliśmy jego obudzić. Spojrzałem na zegarek. Dochodziła trzecia. Usłyszałem jęki. Szarpał się na łóżku i mamrotał. Wtem ucichł i spokojne zameldował:

– Delta 3, będziemy w twoim kwadracie za półtorej minuty. Bez odbioru. Jego oddech się wyrównał. Znów zapadłem w swój sen, kiedy nagle obudził mnie nieludzki krzyk. Tom leżał na łóżku wyprężony jak struna i krzyczał:

– Lewy silnik mam w płomieniach. Tracę wysokość. Strzelają do mnie… Kurwa, nie… nie dociągnę do morza… Dostałem w wirnik ogonowy… Nie panuję nad maszyną… Spadam… Palę się.

Obudził się, zrywając się z łóżka. Drżał i cały był mokry. Wstał, wyszedł na korytarz i zamknął drzwi. Kiedy wychodził, powiedział do nas tylko cicho:

– Przepraszam.

Wstałem i ja, wyszperałem piersiówkę ze śliwowicą i poszedłem go szukać. Nasze koszary były kiedyś zakładem karnym. Tom siedział na parapecie okna z kratami. Oparty o gruby, ponadpółtorametrowy mur. Wdrapałem się do niego i usiadłem naprzeciw. Tom próbował zrobić skręta z tytoniu, ale ręce mu drżały i rozsypywał tytoń. Podałem mu piersiówkę i wziąłem od niego tytoń. Kiedy łyknął, nieco się uspokoił. Ja w tym czasie kończyłem już drugiego skręta. Podałem mu, zapaliłem – potem zapaliłem swojego. Zaciągnęliśmy się dymem i milczeliśmy. Tom pociągnął łyk z piersiówki i oddał mi. Napiłem się. Korytarz oświetlały tylko lampki oświetlenia awaryjnego i w miejscu, gdzie siedzieliśmy, panował półmrok. Nie widziałem szczegółów jego twarzy, a jedynie zarys jego sylwetki. Po chwili zapytał mnie cicho:

– Widziałeś, jak wyglądają moje plecy i klatka, prawda?

Widziałem. Nie odpowiedziałem, skinąłem tylko głową. Nie wiem, czy widział ten ruch, czy nie. Miał na całych plecach i połowie klatki piersiowej ogromne blizny po poparzeniach. Cała prawą stronę ramienia i fragmenty na dłoniach również pokrywały zrosty.

To było pod koniec grudnia 1972. Latałem już hueyem. To był lot patrolowy. Miałem wtedy dodatkowe zbiorniki z paliwem. Karabin 12,7 mm i 850 pocisków, plus dwie rakiety burzące. Dowódca dał mi rozkaz – mamy lecieć daleko w głąb pozycji Wietkongu w górach na zwiad i nie podejmować żadnych akcji zaczepnych – zaciągał się dymem i mówił, patrząc w ciemność:

– Latałem z rekrutem, miał dwadzieścia lat i był niesamowicie pełnym życia, czarnym sukinsynem. Miał łeb na karku i latał czasem jak Czerwony Baron. Z pokładu śmigłowca w locie potrafił jednym strzałem karabinu strącić z drzewa małpę, trafiając ją w oko. Nie dziwię się, że ją w ogóle dostrzegł, ale że potrafił ją zastrzelić. Lubiłem tego dzieciaka, jakby był moim bratem.

Rozpoczynaliśmy lot w potencjalnie bezpiecznym i spokojnym rejonie. Lecieliśmy już od pół godziny nad terenami wroga. Nasz rozkaz zakładał lot w górę rzeki około trzysta kilometrów, do wodospadu Czan-Tu, z pułapu umożliwiającego wykonanie największej ilości zdjęć, a następnie powrót. On miał robić zdjęcia i obsługiwać w razie potrzeby drugi karabin. Lecieliśmy w głębokim parowie, z rzeką pod sobą. Do wodospadu, gdzie mieliśmy zawracać, brakowało nam kilka minut. Nagle śmigłowiec, wyleciawszy zza łuku, na którego prawej krawędzi sterczała kilkudziesięciometrowa skała, wleciał przed niewielką polanę. Na polanie żółtki zbudowały obóz. Bambusowe ogrodzenia, wieżyczki i baraki.

Kiedy Kocur zobaczył to wszystko, zerwał się do robienia zdjęć. Obaj byliśmy pewni, że trzymają tam jeńców. Po kilku sekundach padły pierwsze strzały. Opuściłem maszynę. Młody trzasnął jeszcze kilka fotek i krzyczał:

– Czekaj, czekaj jeszcze chwilę!

Nagle zobaczyłem, jak ludzie na placu szarpią się między sobą. Następne kilka chwil pozwoliło mi zrozumieć. To jeńcy. Było ich kilku. Tego dnia nie było tam prawie żadnych straży. Kiedy zobaczyli nas, wszczęli coś w rodzaju buntu. Obróciłem maszynę i kilkoma seriami uciszyłem karabiny maszynowe na wszystkich trzech kogutach. Przy południowym krańcu obozu widziałem, jak pięciu lub sześciu jeńców macha do mnie rękami. Nagle usłyszałem, że Kocur nie robi już zdjęć, ale seriami po trzy – pięć pocisków odgryza się żółtkom. Z każdym jego strzałem na dole robiło się coraz ciszej. Taka okazja trafia się jedna na tysiąc, pomyślałem. Jedno lądowanie. Mniej niż trzydzieści sekund i znów będę w powietrzu z chociaż kilkoma z nich. Młody, strzelając, w pewnym momencie krzyknął do mnie, machając do jeńców na dole:

– Siadaj!

Miał rację. Posadziłem maszynę na trawie. Po piętnastu sekundach na pokładzie miałem sześciu dodatkowych ludzi. Na więcej nie było już czasu. Jakiś żółtek coraz celniej ostrzeliwał nas, terkocząc z AK-47. Uniosłem śmiglaka w górę. Kocur ostatnimi długimi seriami zapalał stojące w rzędzie samochody. Kiedy już ustawiałem sterownice do zawrotu, jeden z jeńców, których zabraliśmy, krzyknął do mnie:

– Poruczniku, tam, przy strumieniu, w tych bunkrach jest paliwo!

Miałem dwie rakiety. Jedną mogłem wykorzystać teraz. Drugą musiałem zostawić. Zawiesiłem hueya nad strumieniem i po chwili rakieta wyszukała cel. Odpaliłem pocisk. Po chwili nad dżunglę nagle, gwałtownie wzniosły się niebiesko-czerwone płomienie i coraz nowsze wybuchy. Śmigłowcem targnęła gorąca fala eksplozji. Po chwili usłyszeliśmy rozrywające się w powietrzu, dokładnie przed nami, pociski większego kalibru z działka przeciwlotniczego. Odłamki posypały się po szybach i osłonie lewego silnika. Wzniosłem maszynę. Na dole terkotało grubym głosem działko na samochodzie terenowym, zjeżdżającym z innymi autami, z których wysypała się nieobecna dotąd załoga obozu. Po dwóch sekundach śmigłowiec zniknął z pola ich ostrzału.

– Teraz lecieliśmy w dół rzeki. Leciało się znacznie szybciej, szczególnie, że znaliśmy drogę i teren wciąż opadał. Mieliśmy przed sobą około godzinę i dwadzieścia pięć minut lotu z prędkością około sto sześćdziesiąt – dwieście kilometrów na godzinę, do naszej strefy. Gdybyśmy chcieli się przebić nad grzbietem gór, lot trwałby trzydzieści pięć do czterdziestu minut, ale za to bylibyśmy narażeni na ataki wietnamskiego lotnictwa.

– Po chwili, kiedy jeńcy zaczęli opowiadać, kim są, jak tam trafili i co to za miejsce, zauważyłem, że ciśnienie oleju w prawym silniku zaczyna powoli maleć. Więc działko jednak narobiło szkód. Maszyna dymiła. Co prawda lekko, ale jednak dymiła. Po kilku minutach ciśnienie oleju spadło zupełnie, a dym stał się bardziej intensywny. Silnik groził pożarem.

Młody oceniał zniszczenia:

– Nie jest dobrze. Musisz zakręcić lewą stronę paliwa i odłączyć silnik – widział bowiem, jak wylewające się z wylotów powietrza drobne kropelki kilkanaście centymetrów od pancernych płyt zapalają się w powietrzu żywym płomieniem, snując się warkoczem aż po wirnik ogonowy. Zrobiłem jak mówił. Śmigłowiec zmniejszył prędkość. Na szczęście pożar chyba zgasł i z silnika wydobywał się tylko wąski strumień czarnego dymu. Do końca lotu pozostawała nadal ponad godzina, a ja nie miałem jednego silnika, a paliwa na najwyżej pięćdziesiąt minut.

– Nie dociągniemy, młody. Musimy lecieć nad górami.

– Wiem – odpowiedział.

Był dobrym pilotem, musiał o tym wiedzieć. Otworzył mapę i patrzył chwilę, po czym rzucił:

– Za minutę wąwóz będzie się rozdwajał. Wlecisz w zachodnią odnogę i polecimy do góry tak długo, jak się da. Przez siedem – dziewięć minut może się uda lecieć całkiem schowanym. Potem będzie dwadzieścia minut, kiedy będziemy jak na dłoni. Potem znów znikniemy w dolinie rzeki.

Tam już będziemy prawie bezpieczni. Pokiwałem głową, wiedząc, że wyjścia nie mamy. Maszyna wolno i ospale wznosiła się w górę wraz z rzeźbą terenu. Bez jednego silnika huey był ociężały i powolny. Prawie nie dało się też nim sterować. Mimo to lecieliśmy. Nie było najmniejszego wyboru.

Dolina strumienia stawała się coraz bardziej kręta i wąska. Nie mogłem już w niej lecieć. Podniosłem maszynę nad poziom drzew i najniżej, jak tylko potrafiłem, wręcz ocierając się o ich wierzchołki, leciałem wprost nad przełęcz kilkadziesiąt kilometrów przed nami. Silnik słabł. Jeszcze dwie, trzy minuty i będzie z górki – pomyślałem. Przeleciałem nad przełęczą, prawie urywając podwozie o skały. Przechyliłem maskę w dół. Wypatrywałem wąwozu. Silnik ożył. Temperatura oleju spadła. Młody krzyknął:

– Jest! Skurwiel...

– Gdzie?

– Między drugą a trzecią, widzisz?

Widziałem. Przesunąłem ster nad wąwóz przed nami. Do wąwozu mieliśmy gdzieś cztery minuty. Potem jeszcze piętnaście nad morze. Dwadzieścia kolejnych wzdłuż plaży i siądę w bazie na kolację i chłodne piwo. Widziałem jednak białą plamę przed nami, nad wąwozem, do którego lecieliśmy. Po chwili zrozumiałem. Myśliwiec wystrzelił rakietę. Wykonałem zwrot i unik w słońce. Udało się, rakieta ominęła kadłub. Oszukałem ją. Zanurkowałem pewny, że żółtek poderwał maszynę. Ale się pomyliłem. Kilometr przed sobą leciał wprost na mnie MiG-17. Odsunąłem drążek maksymalnie w prawo i przechyliłem maszynę do uniku. Poczułem, jak po pancerzu na silniku sypią się duże pociski. Dostaliśmy kilkoma z nich. Maszyną szarpnęły wybuchy. Nie mieliśmy szans. Najmniejszych. Kiedy pociski rozrywały się w maszynie, pomyślałem – to koniec. Wiedziałem, że to ostatnie chwile naszego życia. Drań miał przecież działko 37 milimetrów i dwa po 23 milimetry. Trafienie takim zespołem zawsze oznacza koniec. Nawet dla samochodu pancernego, cóż dopiero dla hueya. Huey jednak jest dobrą maszyną i wytrzymał. Ratowałem się unikiem. Gdybym go nie wykonał, posiekałby nas jak kucharz cebulę na Święto Dziękczynienia. Maszyna zaczęła się jednak walić niesterowana na bok. Krzyczałem do młodego, żeby trzymał stery. Młody milczał. W kabinie gęstniał dym. Nie widziałem nic. Czułem tylko ból. Niebezpiecznie blisko widziałem korony drzew. Kłuły mnie w oczy. Przeżyłem do tego lotu już wiele sytuacji awaryjnych i niebezpiecznych, ale wtedy wiedziałem, że tak wygląda koniec. Wreszcie na czterysta metrów przed wąwozem, opanowałem maszynę na tyle, że mogłem jako tako sterować. Cały czas traciłem wysokość i ciśnienie oleju w drugim silniku. Kiedy wlatywałem w wąwóz, mig zdążył nawrócić. Odpalił kolejny pocisk. Na szczęście również i ta rakieta nie była skuteczna. Rozerwała się na dnie strumienia, kilkadziesiąt metrów pod nami. Dostałem po szybach odłamkami. Jeden z nich rozerwał mi mięsień na ramieniu. Musiałem lądować. Oznaczało to jednak śmierć w męczarniach po dostaniu się do niewoli. Junior milczał.

– Kurwa, młody – muszę posadzić maszynę!

– Wolę zginąć tu niż u nich. Nie siadaj. Lepiej się rozbij – słyszałem jego krzyk. – Dasz radę. Przecież jesteś z nas najlepszy!

Żółtek, pikując, zdążył puścić jeszcze soczystą serię ze swojej klawiatury. Tym razem był to już koniec. Dostaliśmy. Z boku maszyny wybuchło paliwo i płomienie wlały się do wnętrza. Widziałem przez szybę, jak młody się pali. Pokryty paliwem, szarpał się w płomieniach. Z tyłu, wśród jeńców było jeszcze gorzej. Wszystko stało w ogniu. Czułem, że i moje ciało się pali. Pamiętam smród smażonego ciała. Obróciłem głowę w stronę lewych drzwi. Tylko tam nie było płomieni. Widziałem przed sobą rzekę. Poczułem, że ogień na mnie gaśnie. Któryś z jeńców z kabiny za mną znalazł gaśnicę i prysnął najpierw na mnie. Pożar jednak nadal trawił wnętrze śmigłowca, a my traciliśmy wysokość. Słyszałem, jak ktoś za mną próbuje walczyć z ogniem. Nie wiedziałem nawet kto. Młody był już martwy. Siedział w bezruchu na fotelu ze spuszczoną głową, zwęglony i palił się nadal. Zostało mi jeszcze najwyżej kilkadziesiąt sekund. Ugasiłem płomienie na mojej ręce i rękawiczce. Chwyciłem radio. Złamałem rozkaz o ciszy i krzyczałem:

– Mayday! Mayday! Mayday! November Bravo Fokstrot 16. Spadam! Trafił mnie i palę się. Pozycja 4-8-6. Jeden żółty mig. Mam na pokładzie jeńców. Słyszycie mnie?

Nie było odpowiedzi. Nagle oparcie mego fotela znów stanęło w płomieniach. Ktoś za mną zagasił je natychmiast. Za mną wciąż się coś paliło.

– Wyrzucaj z maszyny wszystko, co się da – krzyknąłem za siebie. Nie wiedziałem do kogo. Nie wiem do dziś. Widziałem wyrzucane palące się zwłoki. Przez roztrzaskane drzwi i szyby lewej strony wdzierało się powietrze z paliwem, podsycając pożar. Wtem pożar zgasł. Do wnętrza przestało dostawać się paliwo. Poczułem strumień czystego powietrza.

MIG nie dawał za wygraną. Widziałem, jak jego serie wyrzucają słupy wody z rzeki pode mną. Znów kilka pocisków trafiło w maszynę. Spojrzałem w tył. Człowiek, który walczył z ogniem na pokładzie, osuwał się po ścianie z gaśnicą w ręce. Bez rozerwanej pociskiem z myśliwca głowy. Przy kolejnym zwrocie wypadł.

– Z tyłu zostały jeszcze dwa dymiące ciała. Maszyna, chwiejąc się i kołysząc, ciągle spadała. Wiedziałem, że nie mam najmniejszych szans. W chwili, kiedy o tym znów pomyślałem, przeleciały z hukiem nade mną dwa samoloty. Usłyszałem w słuchawce – druga się już spaliła wraz z częścią hełmu – czyjeś słowa:

– Huey, dociągniesz do pasa?

– Lewy silnik mam w płomieniach. Tracę wysokość. Strzelają do mnie. Nie dociągnę. Dostałem w wirnik ogonowy. Nie panuję nad maszyną. Spadam. Palę się.

– Wytrzymaj jeszcze kilkaset metrów. Spróbuj dociągnąć do morza i ląduj autorotacyjnie w morzu. Najdalej od brzegu. Wyciągniemy cię.

– Wykonuję. Bez odbioru.

Maszyna waliła się w dół. Zupełnie nie poddawała się sterowaniu. Ścisnąłem drążek mocniej. W tej chwili pierwszy raz poczułem ten straszny ból. Czułem oparzenia. Poczułem smród własnego spalonego ciała i wilgoć w rękawicach. Przesunąłem przepustnicę na maksymalne obroty. Po ramieniu spływała mi krew z przestrzelonego ramienia. Moim oczom ukazało się ujście rzeki do morza. Maszyna wisiała na około osiemdziesięciu metrach. Gdybym utrzymał ją w powietrzu przez jeszcze dziesięć – piętnaście sekund, dociągnąłbym do morza. Zmniejszyłem kąt łopat wirnika głównego, zmniejszając skok do minimum. Pedałami korygowałem odchylenie i oddałem drążek.

Silnik przestał pracować zupełnie, ale wirnik nie zatrzymał się. Maszyna opadała szybko, drążkiem utrzymywałem prędkość w granicach ekonomicznej. Czekałem. Sześćdziesiąt metrów. Czterdzieści metrów. Szorowałem już prawie podwoziem o wodę. Kiedy byłem tuż nad plażą, i myślałem o wyrównaniu, maszyna dostała pod łopaty przeciwny, mocny wiatr od morza i cudem z pionowej autorotacji przeszedłem do dobiegu.

Przeleciałem jeszcze kilkanaście sekund. Wytrzymałem drążkiem – maszyna zwolniła i wyprostowała się. Przyziemiłem, uderzając z hukiem w wodę. Na chwilę straciłem przytomność. Kiedy ją odzyskałem, woda sięgała mi już do pach. Byłem przykuty do fotela pasami i pod wodą. Byłem krok od śmierci i od ocalenia. Wyjąłem z buta nóż i przeciąłem pasy. Wypłynąłem na ostatnim tchu. Szarpnąłem kamizelkę ratunkową. Uszło z niej tylko powietrze. Kombinezon był przepalony i kamizelka też. Unosiłem się w wodzie około minuty, kiedy usłyszałem warkot samolotu. Wyrzucił zasobnik z tratwą. Uderzając w wodę, napompowała się sama. Wdrapałem się do niej z trudem i... obudziłem kilka tygodni później w szpitalu. Potem trafiłem do Stanów. Tam, nikt nie chciał tej wojny. Nie byłem bohaterem, ale mordercą. Rząd dał mi rentę i zabronił latać. Rozumiesz – ja, który żyłem w powietrzu, nie mogłem już oglądać nieba. Przeleżałem w łóżku do 1974 roku. Na rok przed skończeniem wojny wyszedłem ze szpitala. I odtąd już nie jestem żołnierzem. Nigdy nie wróciłem do Wietnamu. On jednak wraca do mnie tak często, jak tylko chce. Wraca we wspomnieniach. W snach i w życiu codziennym.

– Artur, tylko ja przeżyłem ten cholerny lot. Z oczu Toma lały się łzy. – Dlaczego tylko ja? Zastanawiałem się wielokrotnie... i wiesz co? Kiedy już po wojnie słyszałem wszystkich ludzi, zabierających głos w sprawie tej wojny, zrozumiałem. Nie wiem, czy Bóg istnieje. Jeśli tak i pozwolił umrzeć im wszystkim, a mnie żyć, to tylko dlatego, że mam jeszcze coś do zrobienia. W jego planach miałem jeszcze zadanie, które teraz wykonuję. Rozumiesz? Musimy pokazywać ludziom prawdziwe oblicze wojny. Nie mogą przechodzić obok niej obojętnie. To jest moje zadanie. Jestem to winny wszystkim, którzy tam zostali i których zabiłem.

Tej nocy zrozumiałem, że choć Tom jest dziennikarzem, to przede wszystkim demonem wojny. Wojny, która cały czas jest w nim. I choć nie jest już żołnierzem i mógłby nie mieć nic z wojną do czynienia, on wracał tam, gdzie ona była. Bo rzeczywistość, życie w pokoju były dla niego tak samo przerażające, jak śmierć, płomienie i łzy, które ona ze sobą niosła. Tej nocy zrozumiałem też, że Tom nadal walczył. Jeździł tam, gdzie nie było spokoju. Było to jego walką. Jego prywatną wojną. Krucjatą po Wietnamie. Walczył na swój sposób – po to, aby pokazywać prawdę. Aby nie odwracano twarzy od tego, co naprawdę ważne. Dlatego był w Afganistanie, dlatego jest teraz tutaj od samego początku.

Tom otworzył mi oczy. Mogłem już pracować. Wychodziłem potem z aparatem po to, by uwiecznić na celuloidowym prawdziwe oblicze wojny. By cały świat, dotąd nieczuły, zobaczył wreszcie cierpienie tych ludzi.

Nauczyłem się tego od Toma po tej pamiętnej nocy. Opowiedział mi też, co widział w Afganistanie. Pozwolił zrozumieć, jakie jest nasze zadanie. Nasz cel na Bałkanach. Zrozumiałem, że jesteśmy tam, aby wreszcie coś się zmieniło. Dla tych ludzi. Kiedy jechałem tam, szukałem sławy, dzięki Tomowi zacząłem szukać końca tej wojny. Niczego więcej. Niczego. A jednak w życiu zawsze jest tak, że znajduje się zupełnie coś innego. I ja też coś znalazłem.

Był luty 1994 roku i pomimo że klimat tego kraju jest łagodny, zima tego roku w Bośni i Hercegowinie nie była dla jego mieszkańców łaskawa.

Ostre temperatury przynoszone wraz z północnym wiatrem przypominały mi o dzieciństwie w Polsce i Czechosłowacji. Mnie mrozy przypominały o miłych chwilach, a inni ginęli od wyziębienia. Tak to już w życiu jest, jak powiadał dziadek.

To zdarzyło się w lutym. Poszliśmy na targ, by zrobić zdjęcia i kupić coś do jedzenia. Targiem był stary stadion sportowy. W mieście, gdzie dziesięć lat wcześniej zmagano się na zimowych igrzyskach, ludzie teraz walczyli na stadionie o chleb i mleko, by przeżyć do jutra.

Po przejściu przez bramę ukazało się mam morze ludzi. Głównie kobiet. Młodych, pięknych i bardzo starych z pomarszczonymi twarzami. Czasem wśród tłumu pojawiła się poorana zmarszczkami twarz starca. Matki z dziećmi, niektóre z bardzo małymi. Niemowlęta przytwierdzone do matek i zawieszone na szyi w łachmanach. Mężczyzn nie było. Oni tkwili przytuleni zamiast do swych pięknych, bałkańskich żon – do zimnej stali kałasznikowów, gdzieś na gruzach.

Usadowiliśmy się przy wejściu, ustawiliśmy aparaty i robiliśmy zdjęcia. Zapytasz mnie po co? Po co robić takie zdjęcia? Chcieliśmy pokazać prawdziwe życie. Prawdziwą wojnę. Nie tylko broń, leje po bombach i porozrywane domy, w których kiedyś przytulali się do siebie, kłócili, jedli i spali ludzie. Mieliśmy pokazać codzienne życie na dnie piekła.

Był mroźny, słoneczny dzień. Nad stadionem panował spokój. Prawie nie strzelali. Czasem słychać było na wzgórzach pojedynczy wystrzał albo terkoczącą krótką serię. Spojrzałem na bezchmurne niebo. Nagle, usłyszałem wyraźny świst. Wśród ludzi wybuchła panika. Przyłożyłem oko do wizjera aparatu i nacisnąłem spust migawki. Tom zrobił to samo. Pocisk uderzył w morze ludzi i eksplodował. Wybuchł ogniem i odłamkami.

W powietrze uniosły się całe stragany i ich części. Canon naświetlał klatki seryjnie. Naokoło w powietrze poleciały warzywa i ubrania. Powietrzem targnął ogromny huk. Nigdy wcześniej nie byłem tak blisko eksplozji tak dużego pocisku. Na kilka chwil ogromna siła wyrzuciła wysoko w powietrze jedną czwartą bazaru. Kiedy wszystko opadło, zapanowała na kilka chwil zupełna cisza. Opadał pył, a wiatr rozwiewał dym. Wokół rozniósł się odór spalenizny i trotylu.

Grobową ciszę przerwały jęki i płacz. Spod rumowiska ludzkich szczątków, gruzu i części bazaru wygrzebywali się oszołomieni ludzie. Wokoło wybuchł wrzask. Jakaś matka histerycznie wrzeszczała, trzymając w dłoniach dziecko bez rączki i z roztrzaskaną czaszką. Jej twarz pokrywała biało-krwawa breja z jego mózgu. Jakaś staruszka stała nieruchomo, jakby zdziwiona. W miejscu, gdzie przed kilkunastoma sekundami miała rękę, sterczał teraz tylko kikut z białą potrzaskaną kością. Poszarpane mięśnie i naczynia krwionośne zwisały bezwładnie z urwanej kończyny. Rana buchała parą na mrozie. Jasnoczerwona krew krwotokiem lała się na podnoszących się obok ludzi. Staruszka, łapiąc oddech, upadła na kolana. Potem runęła twarzą w posiekane wcześniej odłamkami martwe ciało.

Wokoło leżały zwłoki ludzi, którzy jeszcze przed chwilą kupowali razowy chleb i zmarznięte ziemniaki. Teraz byli tylko ścierwem. Ręce, palce i całe części ludzkie rozrzucone leżały na zadeptanej murawie. Na przewróconym i lekko pochylonym słupie zwisały czyjeś jelita. Wokoło na betonie zbierały się kałuże krwi. W powietrze unosiły się opary z jeszcze ciepłych ciał i jego rozczłonkowanych części.

Wraz z nimi w miasto popłynęły wrzaski i płacz. Żywi szybko opuścili to miejsce. Pozostały ciała, najciężej ranni i bliscy tych, którzy na zawsze tam zostali.

Tego dnia zginęło sześćdziesięcioro ludzi. Rannych było ponad dwustu. Wieczorem, po niemal całym dniu ratowania rannych i pomocy w akcji ratunkowej, wracaliśmy z Tomem zszokowani. Ostrzał szybko ustał, skończyło się na kilku salwach. Wydawało się, że nic gorszego nie może nas spotkać. Zbliżał się wielkimi krokami wieczór. Przemykaliśmy cicho, jak cienie, przez zburzone domy i spalone podwórza, mijając wraki spalonych samochodów. Spieszyliśmy się, by zdążyć przed nocą do koszar. Nocą w mieście było o wiele niebezpieczniej. Można było zginąć nie tylko od strzału zbyt nerwowego żołnierza, ale i noża szabrownika czy złodzieja. Nikt nie pytał o nic. Najpierw strzelano, potem, mogło być za późno. Tom szedł przodem, wciąż lepiej znał każdy przesmyk tego przeklętego przez Boga i cywilizację miasta. Stanęliśmy przed skrzyżowaniem.

Do następnego zabudowania brakowało piętnaście metrów. Musieliśmy przebiec przez ulicę. Stanąłem z nim za rogiem. Tom rzucił do mnie:

– Biegnę pierwszy. Jak wszystko będzie OK, dam ci znak.

– Nieeee. Zawsze jesteś pierwszy. Teraz to ja pobiegnę pierwszy. Nie możesz się zawsze narażać, żeby mnie chronić – Jankesie!

Uśmiechnął się smutno. Żadnemu z nas, po tym, co zobaczyliśmy, nie było do śmiechu. Ale kiwnął głową, zgadzając się:

– Niech ci będzie, Kasztanie! Idź!

Przebiegłem zgięty wpół przez ulicę. Przywarłem do muru. To było bardzo niebezpieczne miejsce. Ulica biegła prosto na odcinku kilkuset metrów, ciągle się wznosząc. Popatrzyłem w stronę Toma. Biegł lekko pochylony. W tym samym momencie za jego plecami dostrzegłem na ścianie, przy której przed momentem obaj staliśmy, czerwony napis wymalowany farbą na tynku: „Nie przebiegać, karabin maszynowy!". Usłyszałem serię. Dostał. Twarz wykrzywił mu grymas bólu; zachwiał się i zatrzymał. Po chwili padł na trotuar. Hełm potoczył się po bruku, a torba fotograficzna upadła obok. Leżał na ziemi w bezruchu. Miasto znów milczało. Nagle, w chwili, kiedy chciałem właśnie pobiec, ktoś chwycił mnie za ubranie i przyciągnął siłą do siebie. W tym samym momencie kule karabinu maszynowego obłupały tynk z muru dziesięć centymetrów ode mnie.

Bałkański ciepły wiatr

Patrzyła na mnie ogromnymi, czarnymi, jak tylko mogą być oczy Bałkanki, oczyma:

– Twoja śmierć na pewno mu nie pomoże! Nieznajoma dziewczyna miała rację. Nie wiedziałem nawet, czy Tom jeszcze żyje. Ale w takiej chwili jak ta rzadko człowiek myśli racjonalnie. Spojrzałem na Toma. Żył. Był bardzo ciężko ranny; sądząc po śladach na kurtce, trafiły go przynajmniej trzy kule. Patrzył na nas. Z kącika ust sączyła mu się strużka krwi. Wyciągniętą ręką wskazał, abyśmy zostali na miejscu. Powoli cofał się do miejsca, skąd wybiegł. Przesunął się może metr, pozostawiając na kostce za sobą szerokie ślady krwi. Po kilku sekundach rozległ się pojedynczy strzał. Dosięgła go kolejna kula. Ciało, szarpnięte trafieniem, poruszyło się trochę. Nie podniósł już głowy. Chwycił ręką pasek swojej torby. Przysunął do siebie, by potem posunąć w moją stronę. Szybko zrozumiałem! Po tym, w stronę, z której padły strzały, pokazał rękę ułożoną w pieprzony, amerykański gest: „fuck you". Następny strzał go zabił. Mój przyjaciel umarł cicho na ulicy. Tak umarł pierwszy Amerykanin, jakiego znałem. Dla mnie zawsze pozostanie Jankesem! Umarł jak bohater. Miał dobrą śmierć.

Poczekałem kilkadziesiąt minut. Zapadł zupełny zmrok, i pobiegłem po jego torbę. Gdy zbliżyłem się do ciała, było już zimne. Krew zakrzepła na skórze. Otwarte oczy nieruchomo wpatrywały się w jeden punkt.

– Nie patrz w nie.

– Dlaczego?

– To może przynieść pecha.

– Ciekawe, komu – mruknąłem. – Mam to gdzieś. – Zamknąłem je dłonią. Przytuliłem się pierwszy i ostatni jednocześnie raz. Po chwili usłyszałem:

– Chodź już. Tu nie jest bezpiecznie.

Zerwałem nieśmiertelnik. Zabrałem torbę i ruszyliśmy. Mogłem wracać. Wiedziałem, że to bardzo niebezpieczne. Byłem zszokowany śmiercią mojego przyjaciela, choć obaj doskonale zdawaliśmy sobie sprawę, że każdego z nas może to spotkać codziennie. Co innego jednak zdawać sobie sprawę, że możesz zginąć, a patrzeć w oczy śmierci. Dziewczyna prowadziła gdzieś, mówiąc po angielsku:

– Nie możesz teraz iść do koszar. Zginiesz na pewno. Zaprowadzę cię do siebie. Rano odprowadzę do jednostki. Pracuję w szpitalu obok, mam po drodze.

Ciągle mówiła i to mnie uspokajało. Jednak po jakimś czasie zorientowałem się, że to przecież Bośniaczka, a mimo to mówi do mnie prawie idealnie po angielsku. Czasem tylko popełniała drobne pomyłki. Wydało mi się to podejrzane. Nie mogłem jednak nic zrobić. Postanowiłem nie zdradzać, że trochę rozumiem ich język. W końcu byłem Słowianinem. I zawdzięczałem jej życie. Zapytałem wreszcie:

– Skąd znasz angielski?

– Przed wojną studiowałam anglistykę.

– No tak.

– Gdzie?

– Tu, na uniwersytecie.

Mimo to nadal nie dawało mi spokoju to, dokąd mnie prowadzi. Postanowiłem czekać. Chyba nie miałem lepszego wyjścia. Kiedy wchodziliśmy do piwnicy, ostro się wystraszyłem. Zorientowała się:

– Nie bój się! Gdybym miała cię zabić, już dawno bym to zrobiła. Uspokoiłem się dopiero, kiedy zapukała w masywne drzwi.

– Mamo, to ja, już jestem. Otwórz.

Drzwi odsunęły się, skrzypiąc. Wewnątrz ukazała się twarz kobiety w wieku około pięćdziesiątki, z której wyczytać można było bezlitośnie postarzające piętno wojny.

– Kto to i po co go tu przyprowadziłaś? – zapytała po swojemu.

– Zostanie tu tylko do jutra. Teraz nie może iść. Wiesz przecież. Jest dziennikarzem. Jego przyjaciel zginął przed chwilą. A on – głupek – o mało co też by nie żył. Zostanie tu do jutra, odprowadzę go rano.

Staruszka popatrzyła na mnie z niesmakiem.

– Zobaczysz, nabawisz się tylko kłopotów!

– Nie martw się. Masz coś dla nas do jedzenia?

– Tak, siadajcie, coś wam dam. Powiedz mu, żeby usiadł. Powiedziała mi potem po angielsku, że mama się trochę o nią boi i że zaraz coś zjemy. Podziękowałem jej:

– Nie kłopocz się.

Wzięła mnie za rękę i posadziła przy stole. W pomieszczeniu, w którym siedzieliśmy, stał niewielki stół. Na stole lampa, a w kącie duży kaflowy piec z piekarnikiem. Ogień dawał trochę ciepła. Dziewczyna podeszła do ognia i zdjęła płaszcz. Spod kaptura bluzy rozsypała burzę czarnych, długich włosów do ramion. Parzyłem. Delikatnie, ciepło się uśmiechnęła. Niemal tak ciepło, jak uśmiechał się do mnie ogień z pieca, wesoło trzeszcząc. Zamyśliła się. Płomienie odbijały się w jej źrenicach.

Czarne oczy przypominały węgiel. Dopiero teraz zauważyłem, jakże jest piękna. Była typową przedstawicielką południowego typu urody.

Szczupła, niska, o czarnych jak pióra kruka włosach. Wielkie i błyszczące, wyraziste oczy przysłaniały wszystko. Stanowiły esencję jej jeszcze mocno dziewczęcej urody.

– Matka dziewczyny podała do stołu dwa wielkie na cały talerz burki – chorwackie naleśniki z serem. Z tym, że teraz, jak się okazało, zamiast sera miały farsz prawdopodobnie z samych tylko ziemniaków.

Usiedliśmy przy stole. Matka wciąż pytała o mnie:

– Gdzie go spotkałaś? – Wymieniła nazwę ulicy.

– Jak to było?

– Wracałam ze szpitala. A zatem jest pielęgniarką albo wolontariuszką – pomyślałem.

– Na targowisku zginęło wielu ludzie, słyszałaś?

– Nie, co się zdarzyło? Opowiedziała jej o tym.

– Mieliśmy prawie dwustu rannych.

– Dlatego tak późno wróciłaś?

– Tak.

– Powinnaś z tym skończyć. To niebezpieczne.

– Wiesz, że nie mogę.

– Wiem.

Matka już się widać uspokoiła.

– Nie powinnaś przyprowadzać go tutaj. Jest obcy.

– To tylko dziennikarz.

– Może i dobrze w takim razie. Dziewczyna opowiedziała jej o tym jak zginał Tom. To chyba uspokoiło starą. Jej początkowa niechęć ustąpiła. Nawet chyba zaakceptowała to, że nie jestem żołnierzem.

– Nie wiem tylko, dlaczego tu przyjechał, skoro nie walczy.

– Skąd mogę wiedzieć?

Widać żołnierzy widywały dość często. Ale pierwszy raz spotkały dziennikarza. Jadłem w milczeniu, choć wcale nie miałem apetytu. Nie miały pojęcia, że większość z tego, o czym mówiły, rozumiałem. Kiedy skończyliśmy, stara poprosiła dziewczynę:

– Skończył. Zapytaj, czy mu smakowało.

Dziewczyna przetłumaczyła. Odpowiedziałem po chorwacku:

– Hvala!

Na ich ustach pojawił się uśmiech, który pojawia się zawsze, kiedy obcokrajowiec powie coś w języku rozmawiających. Następnie staruszka poleciła dziewczynie znów przetłumaczyć:

– To był burek, taki nasz miejscowy posiłek.

Otwierała swoje piękne usta, aby przetłumaczyć. Ubiegłem ją, odpowiadając staruszce w jej języku:

– Tak, wiem, był bardzo dobry. Jadłem ich wiele, ale ten był naprawdę przepyszny. Wszystkie inne się nawet nie umywają do niego. Nie mam tylko dziś apetytu za bardzo.

Obie równocześnie otworzyły usta ze zdziwienia. Spojrzały na siebie i zaczęły się śmiać. Były naprawdę nieźle zaskoczone. Po serbsku dziewczyna zapytała, patrząc na napis na opasce:

– Skąd Holender zna nasz język?

– Nie jestem Holendrem. Moja matka była Czeszką, a ojciec Polakiem. Wyemigrowałem do Holandii. No i jestem tu już kilkanaście miesięcy, więc troszkę się nauczyłem. Pokiwały z uznaniem głowami i zaczęła się rozmowa.

– Byłeś na stadionie? – zapytała staruszka.

– Byłem.

– Opowiedz.

Opowiedziałem. Kiedy nie znałem odpowiedniego słowa, zastępowałem angielskim. Wtedy dziewczyna tłumaczyła jego znaczenie. Na rozmowie spędziliśmy długie godziny. Matka wreszcie poszła przygotować posłanie i zostawiła nas samych. Wracając, oznajmiła:

– Wszystko gotowe. Nie siedźcie za długo.

Zostaliśmy sami. Rozmawialiśmy na przeróżne tematy. Opowiadała mi o sobie.

– Mam na imię Blanka. Byłam na piątym roku, kiedy wybuchła wojna. Nie mam ojca – zostawił matkę, kiedy byłam jeszcze dzieckiem.

– A rodzeństwo?

– Mam młodszego brata, Joszkę. Martwię się o niego. Zawsze się nim opiekowałam. Jestem w końcu starszą siostrą.

– Gdzie jest teraz?

– Od kilku tygodni nie było o nim wieści. Pewnie jest gdzieś w mieście albo na wzgórzach i walczy z innymi mężczyznami. Z pewnością miała rację – wszyscy mężczyźni od osiemnastu do pięćdziesięciu lat zostali zmobilizowani. Na ulicach prawie nigdy nie widywałem Serbów bez mundurów. Wszyscy walczyli, a wielu z nich nigdy już nie wróciło do swoich sióstr, matek i żon. Nasza rozmowa zeszła na temat wojny. Zapytała wprost:

– Po co tu przyjechałeś?

– Żeby walczyć o was. Nie mam rodziny, nikogo, więc ryzykuję tylko swoje życie. Chcę, żeby cały świat zobaczył, co się tu dzieje. By zrozumiał i nie pozwolił, aby dalej przelewała się krew niewinnych ludzi, by to się skończyło i więcej nie powtórzyło. Nigdy i nigdzie. Ten, który dziś zginął – Tom – uświadomił mi to pewnej nocy. Nauczył tego i robił to samo.

– I wierzysz w to, co robisz?

– Tak, choć z każdym dniem powinienem coraz mniej, ale wierzę, że to coś wreszcie da.

– Powiedziałeś, że przyjechałeś walczyć, gdzie więc masz karabin?

Wyjąłem z torby swojego ukochanego starego canona i pokazałem jej.

– To jest mój karabin, to moja broń!

– Ale nikogo tym nie zabijesz! Od nikogo się nie obronisz.

– Mówiłem ci. Nie przyjechałem tu, aby zabijać. Chcę, aby dzięki mojej pracy przestano tu zabijać. Chcę, aby ta cholerna wojna się wreszcie skończyła. Niech cały świat sprzeciwi się temu, co się tu dzieje. Po czym wziąłem nikkona Toma i dodałem ciszej:

– On też tego chciał. Myślał dokładnie to samo co ja. Wierzył w to samo. Ale jego śmierć nie pójdzie na marne, zobaczysz – świat dowie się o tym i ci w Brukseli czy Waszyngtonie zakończą wreszcie tę bezsensowną wojnę.

– Teraz cię rozumiem, i rozumiem, dlaczego tak zależało mu na tym, co tu miał – wskazała dłonią torbę Toma. – I dlatego nawet kiedy umierał, myślał o tym. Widziałam – nawet, kiedy już śmierć patrzyła mu w oczy, on nie bał się jej.

– Dzieci. Idźcie już wreszcie spać! – z głębi mieszkania zrugała nas staruszka.

– Tak, tak, mamo. Już idziemy – mruknęła Blanka. – Ale ta wojna jest naszą wojną, nie twoją. Zachód jej nie rozumie, nie interesuje ich nasz los. Wszyscy czekają, aż nas wymordują, i wtedy dopiero się skończy to wszystko.

– Tak nie może być. To musi się skończyć. Świat się nie interesuje tym wszystkim, oni wszyscy tak naprawdę nie wiedzą, co tutaj się dzieje. Nie widzą waszych cierpień. Spojrzała dłużej, pokiwała głową i smutno się uśmiechnęła.

– Dobranoc.

– Dobranoc.

Nie przyznałem się wtedy, dlaczego tu przyjechałem. Uciekałem przecież i nie wiedziałem co tu mnie spotka. Nie przyjechałem tutaj walczyć o tych ludzi. Dopiero, kiedy już tutaj byłem, zmieniłem się i wiele zrozumiałem. Tom mnie zmienił. Przyjechałem na Bałkany, bo uciekłem, uciekłem przed życiem, z którym nie dawałem sobie rady, i tutaj znalazłem jego sens, choć wcale go nie szukałem. Wszystko, co było wcześniej, zostało gdzieś daleko, w Polsce i w Czechach.

Po chwili usnęła. Słyszałem jej równy oddech. Spała jak dziecko. Nie mogłem zasnąć. Myślałem o wydarzeniach tego dnia. Myślałem o śmierci Toma. Docierało do mnie, że on już nie żyje. Widziałem w swoich myślach nasze pierwsze spotkanie w koszarach. Przypominałem sobie, jak się uśmiechał i jak opowiadał o swoim życiu. Jak zatrzymywał mnie przed przejściem przez ulicę, ucząc, jak się poruszać po oblężonym Sarajewie. Jak mówił, pokazując cywilów, że zawsze w miarę możliwości mam chodzić najbliżej murów. Jak uczył słuchać warkotu pocisku w powietrzu, aby wiedzieć, czy upadnie na tyle blisko, żeby był niebezpieczny.

Jak uczył mnie ich języka. Zginął mój najlepszy i jedyny przyjaciel. Zginął człowiek mądry, uczciwy i dumny. Poległ w walce, z honorem, na barykadzie swoich ideałów. Ideałów, które stały się teraz moimi. Zaszczepił je we mnie, znalazł odpowiednie podłoże i posiał ziarno. Wiedziałem, że niedługo przyniesie owoce. Wspaniałym musiał być ogrodnikiem. Nie bał się śmierci, wiedział, że kiedyś przyjdzie, a kiedy przyszła, stawił jej czoło dumnie i pięknie. Mówił:

– Ktoś musi się smucić, aby mógł się śmiać ktoś. Ktoś musi umrzeć, aby ktoś mógł żyć.

– Teraz wiem, że się nie mylił ani trochę. Pojąłem to tamtej nocy, leżąc i rozmyślając o wydarzeniach kończącego się dnia. Dnia, który na zawsze mnie zmienił. Nagle, po prostu, ot tak, wraz z jego śmiercią coś we mnie umarło i jednocześnie się narodziło. W 1994 roku, w mroźną, bezksiężycową, chorwacką noc. Przypomniał mi się tej nocy Petr, Alenka.

Wspomnienia odżyły i dopadły mnie daleko od domu. Znów zastanawiałem się, dlaczego wszyscy, których kochałem, odchodzili. Nad ranem wreszcie zasnąłem niespokojnym snem. Tej nocy przyszedł do mnie we śnie dziadek. Dawał mi zenitha pod brzozą w Polsce. Był to dziwny sen. Siedziałem na ławce, podszedł, usiadł i spojrzał na mnie. Ucieszyłem się, by po chwili szybko zrozumieć, że to tylko sen.

– Dziadek po chwili zajrzał mi w oczy i rzekł:

– Arturze, to jeszcze nie koniec. Musisz być silny. Pamiętaj o tym. Jeszcze będziesz musiał zrobić niejednemu psu zdjęcie.

– Ale dziadku – zaprotestowałem. Chciałem zapytać o coś, o cokolwiek, porozmawiać po prostu. Przyłożył jednak palec do ust i uciszył mnie. Powtórzył znów:

– To jeszcze nie koniec. Nie zrobiłeś jeszcze tego, co miałeś zrobić. Jeszcze nie włożyłeś odpowiedniego filmu do aparatu. Rozumiesz mnie, synu? Chciałem zapytać dlaczego. Otworzyłem usta, ale dziadka już nie było. Obok siedział za to Tom. Nie był już we krwi. Mimo to widziałem jego rany. Podał swój aparat i z zagadkowym uśmiechem rzekł:

– Masz, wkrótce będzie ci potrzebny jak nigdy dotąd. Nie martw się o mnie, spotkałem twojego dziadka... Opowiedział mi o tobie. Razem to postanowiliśmy. Będziemy cię chronić, ale uważaj na siebie. Mamy coś dla ciebie, wkrótce obdzielimy was wszystkich po równo.

– Tom, nie potrzebuję niczego.

– Wiem, Art, wiem... Ale ten prezent będziesz musiał przyjąć. Jest potrzebny. Zobaczysz i zrozumiesz.

Po czym wstał, wyjął z kieszeni rolkę filmu i podał ją ze słowami:

– Nie mów tej dziewczynie o jej bracie. Spotkaliśmy go dzisiaj.

– Joszka?

– Tak, Joszka – odpowiedział smutno, kiwając głową.

Krzyknąłem przerażony. Tom znikał, rozpływał się w powietrzu.

– Tom! Nie zostawiaj mnie!

Otworzyłem oczy. Blanka siedziała obok i głaskała moje włosy. Uśmiechnęła się do mnie.

– Nie martw się, to był tylko sen. Tylko sen. Tom jest już bezpieczny. Spojrzałem w jej błyszczące, węglowe oczy i ukryłem twarz w dłoniach. Gdyby wiedziała, o czym śniłem. Po chwili wstała i zaprosiła na śniadanie. Był już ranek. Nie miałem ochoty jeść. Napiłem się kawy i chciałem iść. Podziękowałem za gościnę i schronienie. Ubrała się. Chciała odprowadzić. Wyszliśmy na ulicę. Na dworze dął porywisty, zimny wiatr, przeszywający wszystkie ubrania. Drobniutki jak ziarenka soli śnieg zbierał się pod krawężnikami, w zagłębieniach i pod ścianami.

Wróciłem do koszar, tak jak obiecała. Kiedy się żegnaliśmy, zapytała:

– Artur, co ci się śniło? To był straszny sen, prawda?

– Tak, śnił mi się Tom i mój dziadek.

– Słyszałam, jak mamrotałeś przez sen.

– Tak?

– Tak. Czy był w tym śnie Joszko?

– Nie – skłamałem.

I wiedziałem już, że jestem znów sam. Jak pies. Patrzyłem na puste łóżka. Anglicy też nie wrócili. Nie wrócili nigdy tak jak Tom. Położyłem się na łóżku i poczułem ogromną pustkę. Chciałem zapłakać, ale dobrze wiedziałem, że nie potrafię. Zerwałem się i pobiegłem do szpitala. Pobiegłem do niej. I odtąd nie byłem już sam. Po prostu. Spędzałem z nią każdą wolną chwilę, chociaż przecież nie byłem ani Chorwatem, ani Bośniakiem, więc nie mogłem być jak oni bogiem dla każdej z nich. Była dla mnie zawsze miła i wesoła. Wkrótce zorientowałem się, że to, co robimy, zbliża się niebezpiecznie blisko do tej cieniutkiej granicy. Za nią była już tylko miłość.

Przychodziłem do szpitala pod byle pretekstem. By porozmawiać, z nią, popatrzeć i chwilę czuć jej obecność. Kiedy zdobyłem coś, co mogło się im przydać, miałem powód do odwiedzin. Czasem była to czekolada, czasem coś innego. Zdarzało się, że prosiły, bym przyszedł coś pomóc zrobić w domu. Drobiazg, z którym poradziłyby sobie same, ale zgodnie twierdziły, że mężczyzna zrobi to lepiej. Wprawdzie nie swój, ale jednak mężczyzna.

Po kilku następnych miesiącach, kiedy było już ciepło, a przyroda pokazywała swoje piękno, nie miałem wątpliwości. Tak, wiedziałem już, że ją kocham. Że kocham ją ponad wszystko wokół. Była, stawała się z każdym dniem tym, co nadawało sens mojej pracy i tego, że wciąż nie wyjeżdżałem stamtąd. Na początku nie wiedziałem nic o jej uczuciach. Potem pojąłem, że i ona czuje to samo. Czułem, że mnie kocha. Jednak oboje tego nie powiedzieliśmy wprost. Wiedzieliśmy, a mimo to każde z nas starało się ukrywać uczucia przed drugim. Baliśmy się.

Między nami do niczego nie doszło. Nie pocałowałem jej nawet, aż do pewnego wieczoru. Poszliśmy na pierwszą linię. Miałem robić zdjęcia, ona opatrywać rannych. Kiedy już tam się znaleźliśmy, robiliśmy, to co do z nas należało. Serbowie tego wieczoru tak mocno ostrzeliwali nasze pozycje, że nie mogliśmy wrócić. Zostaliśmy na noc. Po całym dniu byliśmy potwornie zmęczeni. Poszliśmy do piwnicy zbombardowanego domu. Spali tam inni żołnierze, którzy akurat nie przytulali się do kolb swoich karabinów i nie kryli oczu za krawędziami hełmów. Położyliśmy się obok siebie na kilku brudnych kocach. Wokoło panował zaduch. W powietrzu unosił się mdły zapach zgnilizny. Nam to nie przeszkadzało. W dali słychać było terkot kałasznikowów i głuchy łomot wybuchów. Czasem wystrzelił pojedynczy karabin, a potem w powietrze poleciała długa seria karabinu maszynowego. Czasem niebo rozświetlała niebieska, czerwona lub żółta raca. Dla nas stawało się to coraz bardziej odległe i cichsze. Zasypialiśmy. Wkrótce nasze legowisko wypełniło się twardym snem.

Obudził nas potworny huk. Spojrzałem na zegarek – było wpół do trzeciej. Z sufitu sypał się pył. Każdy huk wprawiał ziemię w drżenie. Przez jazgot karabinów maszynowych nie było słychać naszych słów. Rozpętało się piekło. Pomyślałem, że jeśli przeżyjemy, będzie to cud. Blanka przytuliła się tak mocno i tak blisko, że czułem się jak pień drzewa osnuty pędami bluszczu. Oboje się baliśmy. Krzyczała do ucha:

– Mam dopiero dwadzieścia siedem lat, nie chcę umierać!

– Nie umrzemy. Jeszcze nie dziś. Jeszcze nie. – I przywarłem do niej jeszcze bliżej.

– Nie zostawiaj mnie, proszę...

Nie miałem nawet takiego zamiaru. Ta nora była jedynym naszym schronieniem. Gdybyśmy wyszli, nasze życie przy ogromnym szczęściu potrwałoby może minutę, może dwie, nie więcej! Trwaliśmy tak wtuleni w siebie, jak niemowlę wtula się po karmieniu w pierś matki, śpiąc, ale my nie spaliśmy. Modliliśmy się, aby piekło się już wreszcie skończyło. I rzeczywiście, po kilkunastu minutach ostrzał osłabł. Po kilku następnych zupełnie umilkł. Znów panowała tylko nieprzenikniona majowa noc. Majowa, wojenna noc nad Sarajewem. My tkwiliśmy w sobie nadal, tak jak przed chwilą. Po prostu, byliśmy razem tej nocy. Nagle, niespodziewanie jej usta lekko musnęły moje.

Wiedziałem, co będzie dalej. Wiedziałem, że zmysłowy dotyk jej dolnej wargi przypieczętował chwile, kiedy oboje przekroczyliśmy dotąd nieznaną granicę. Za nią była już tylko miłość. Najczystsza jak potoki spadającej z hukiem wody w górskim wodospadzie. Miłość, która poraża nas jak nagły błysk gromu podczas burzy w nocy. Byliśmy już po drugiej stronie lustra. Nie było odwrotu. Subtelny ruch jej ust zatwierdził na zawsze to, co nas dotąd łączyło. Nasze ciała niczym magnes przyciągający metal przywarły do siebie. Całowała jakże krótko, a jednocześnie wspaniale. Jak nigdy dotąd żadna kobieta. Pocałunki tej nocy były najczystszym i jednocześnie najbardziej zmysłowym doznaniem w moim życiu. W najbrudniejszym miejscu i najgorszym czasie.

Po krótkim uniesieniu znów wróciła do nas wojna. Opatrywała rannych, a ja pomagałem ich nosić. Dla wielu ta noc okazała się ostatnią.

Miała pełne ręce roboty. Tej nocy przypomniałem sobie o aparacie dopiero rano. Patrzyłem dotychczas w niebo, widząc jedynie Wielki Wóz. Nagle, za sprawą aksamitnej delikatności jedwabiu jej warg przed mymi oczyma dostrzegłem Oriona, Kasjopeję i całą Drogę Mleczną. Nagle szmaragdowe niebo wybuchło trylionami barw i bilionami gwiazd. Tej nocy, kiedy kochaliśmy się w milczeniu naszych szeptów i drżących oddechów, dokonała się nasza miłość. Dokonało się nasze przeznaczenie. Każdy dotyk i każda cicha pieszczota oblana była rozkosznym rumieńcem pierworodnego grzechu. Tej cudownie strasznej nocy staliśmy się jednym ciałem, dając początek nowemu cudowi świata.

Następne tygodnie były dla nas tym, czym dla kochanków może być rozkosz możliwości bycia jak najbliżej kochanej osoby. Pomimo całej okropności wojny i jej okrucieństw ten czas był najwspanialszym okresem naszego życia. Zachwycaliśmy się sobą w ten szczególny sposób, który charakteryzuje zachwyt małego dziecka, pierwszy raz widzącego owada lub kolorowy kwiat i nie potrafi go jeszcze nazwać. My potrafiliśmy, jednak głośno tego nie zrobiliśmy. Nie było sensu, każdego dnia mogliśmy oboje zginąć.

Sytuacja wokół nas stawała się coraz bardziej niepokojąca. Serbowie byli coraz bardziej brutalni. Zachód wypiął się na wszystko i nie potrafił sobie z tym poradzić. Kiedyś pewien staruszek powiedział, patrząc w wodę Miljacki:

— Ne ma vise Sarajeva. To, co było kiedyś, odeszło na zawsze. Kiedyś było to miasto tętniące życiem, dźwiękami i kolorami. Dla mnie to już tylko cień tamtego Sarajewa sprzed wojny. Teraz ludzie żyją wspólnie, ale obok siebie. Nie razem – jak kiedyś.

— Dlaczego? – zapytałem.

— Bo Muzułmanie, Chorwaci, Bośniacy i wreszcie ci odważni Serbowie, którzy nie poddali się Miloševićowi – mijają się na klatkach schodowych, na targowiskach, na ulicach. I żyjemy niby w tym samym świecie, ale już w innych, zamkniętych pochodzeniem światach. Serbów zresztą już w Sarajewie prawie nie ma. Nie dziwię się, większość uciekła przed lub na początku oblężenia. Reszta została w Srpskim Sarajevie, jak w getcie. Starzy, schorowani mężczyźni, kobiety i dzieci – szare, ciche i biedne, nie wyglądają na szczęśliwych, bo i nie są – jak każdy tutaj. Wiedziałem, że ma rację. Patrząc gdzieś daleko, szeptał prawie bezgłośnie.

— Przez te prawie już czterdzieści miesięcy oblężenia artyleryjskimi pociskami i kulami od serbskich snajperów odebrano wspomnienia, marzenia, dorobek życia. Wojna zabrała nam bliskich, dalekich, zdrowie i złudzenia. Z miasta wyjechała jego przyszłość – ludzie młodzi, studenci, dzieci, dorośli, uciekając przed nadciągającą tragedią. Ci, którzy nie uciekli, zostali tu na zawsze. Piach i trotuar aż krztuszą się od ich krwi. Kiedyś ktoś – ciągnął smutno – odkopie ich białe kości i zapyta. Po czym zapłakał.

— O co? – zapytałem.

— Po co to wszystko? Komu było to potrzebne? W imię czego? A ci, którzy są mordercami, będą bohaterami. Bohaterowie będą tchórzami, a my, zwykli prości ludzie, my liczymy się najmniej.

Spojrzał na mnie czerwonymi oczami wprost i tym razem wprost do mnie przemówił:

– Kiedyś byłem dziennikarzem jak ty, młody człowieku – teraz dopiero zauważyłem, że staruszek w brudnych łachmanach i nieogolony nie jest wcale tak stary, na jakiego wygląda. Nim to pojąłem, on mówił dalej:

– Nikt mnie już tutaj nie potrzebuje. Muzułmanom byłem kiedyś potrzebny, by uwiarygodnić przed światem to, co tutaj się działo. Serbowie uważają mnie za zdrajcę. Chorwaci nie lubią mnie tak czy owak. Zostałem z niczym, bez tożsamości. Tak jak cały ten kraj.

Zapisałem jego słowa. Zapamiętałem dobrze. Potem dowiedziałem się, kim był. Był Serbem – zresztą jakie to miało znaczenie? Był po prostu człowiekiem – nazywał się Gojko Berić i rzeczywiście, kiedyś był dziennikarzem. Przypomniałem sobie felietony, które pisał, a ja jeszcze na początku wojny czytałem „New York Timesa" w Amsterdamie. Teraz wyglądał jak bezdomny, nikomu niepotrzebny człowiek. Tak jak mówił:

– Bez tożsamości w przeklętym przez ludzi i Boga mieście.

Сребреница

Patrzyłem w milczeniu na drugą stronę miasta, za rzeką, i liczyłem miesiące tutaj spędzone. Myślałem o tym, co powiedział wtedy Berić. Miasto, wraz z ponad czterema setkami tysięcy ludności cywilnej, było w oblężeniu przez trzydzieści sześć miesięcy. Spędziłem z tego tutaj już prawie całe dwa lata. Wokół miasta w 1993 roku ONZ utworzyło autonomiczne strefy bezpieczeństwa: Sarajewo, Tuzla, Żepa, Goražde, Bihać i Srebrenica. Tam miało być spokojnie. Bośniaccy muzułmanie skryli się w tych autonomicznych enklawach.

Myślałem, co zrobiłem przez te prawie dwa lata. Tylko tysiące zdjęć. Tylko i aż. W zielonych C-130 do Amsterdamu leciały moje filmy. Samoloty wracały z dostawami dla żołnierzy, a ja dostawałem kasety z czystymi filmami. Zapełniałem je dowodami ludzkich tragedii. Nadeszła wiosna 1995 roku. Wszystko zaczęło się zmieniać. Praca moja, Toma i jeszcze wielu innych nie poszła na marne – tak przynajmniej myśleliśmy. Srebrenicę osłaniał złożony z dwustu żołnierzy, stacjonujący w Potocari, pięć kilometrów od miasteczka, oddział. W Srebrenicy skryło się przed działaniami wojennymi kilka tysięcy muzułmańskich uchodźców. Holendrzy zapewniali ochronę.

Ja byłem dziennikarzem. Ale byłem również Holendrem. Joszko był Bośniakiem i żołnierzem. Wszyscy doskonale wiedzieli, że w górach wokół enklawy od kwietnia grasują oddziały serbskie pod dowództwem Ratko

Mladića. Muzułmanie w enklawie zaczęli się obawiać o swój los. Dwustu Holendrów w niebieskich hełmach to zbyt mało. Tym bardziej że byli uzbrojeni wyłącznie w lekką broń i nigdy jej nie używali, nie mając do tego prawa. W maju oddział miał zostać wzmocniony. Ale nie został. Joszko był dowódcą kompanii. Miał sześćdziesięciu żołnierzy. Dwa słabo uzbrojone plutony.

Wszyscy wiedzieli, co dzieje się wokół stref. Serbowie posuwali się naprzód, mordując cywilów, paląc wioski i niszcząc miasteczka. ONZ odmówiła wzmocnienia ochrony, choć wszyscy o to błagaliśmy. Nie miał wyboru. Postanowił wraz z innymi dowódcami przedrzeć się do kwatery holenderskiego batalionu ONZ. Liczyliśmy, że niebieskie hełmy, wzmocnione o oddziały Bośniaków będą w stanie nie tyle powstrzymać napór Serbów, co zniechęcić ich do ataku.

Wszyscy czuli narastające napięcie wraz z nadchodzącymi gorącymi dniami bałkańskiego lata. Blanka w Sarajewie była w miarę bezpieczna. Miasto utrzymywało się w oblężeniu przez prawie czterdzieści miesięcy. Więc nie ulegało wątpliwości, że wytrzyma opór i teraz, tym bardziej że NATO postawiło Serbom jasne ultimatum:

– Jeśli nie wycofacie artylerii i nie zaprzestaniecie ostrzału miasta, zbombardujemy wasze pozycje.

Bośniaccy Serbowie z Gór Dynarskich wokół Sarejewa jednak nie przejęli się tym zbytnio. Może tylko trochę, na początku. Potem znów się zaczęło. Tyle tylko, że nie ostrzeliwali już tak silnie Sarejewa. Snajperzy pozostali, ale artyleria ostrzelała ciężkimi moździerzami Tuzlę. Skoro Serbowie złamali ustalenia ONZ i zaatakowali strefę autonomiczną, dla wszystkich stało się jasne, co czeka pozostałe enklawy. W kilka majowych dni oddział Joszki grupami po pięciu – ośmiu ludzi przedarł się do Srebrenicy. Wraz z nim przedarłem się i ja.

To było cudne miasteczko. Jedno z tych w Bośni, gdzie jest najpiękniej. Skryte w dolinie. Z domkami krytymi czerwoną dachówką. Z uliczkami szerokimi na metr lub dwa, wznoszącymi się schodami aż po obrzeża miasteczka. Z niewielkimi kapliczkami. Pełne dzieci, biegających chłopców i dziadków palących fajkę przy kozach prowadzonych co rano na prawie jałowe zbocza.

Zakochałem się w tym miejscu. Dotąd nie wyjeżdżałem za Sarajewo i Bośnię widziałem tylko z okien samolotu. Tutaj było inaczej. Tutaj nie było miasta, była prowincja. Kilka tysięcy mieszkańców, wśród których nie było mężczyzn. Prawie wyłącznie muzułmanie. Mimo spokoju panującego na ulicach i ciszy z każdym dniem narastało napięcie. Kiedy zobaczono nas – nowych – od razu poczuliśmy, jak bardzo mieszkańcy cieszą się z naszej obecności. Prawda była bowiem taka, że wszyscy się bali. Na przedmieściach wszystko było już przygotowane do obrony. Jednak doskonale zdawaliśmy sobie sprawę, że miasteczko, jeśli zostanie oblężone, utrzyma się najwyżej kilka dni. Joszko, ja i kilku innych z oddziałów, które dotarły do miasteczka, zebraliśmy się w kwaterze dowództwa Holendrów.

Wysoki, barczysty pułkownik Karremans rzeczowo, typowym dla wojskowych tonem objaśnił sytuację, pokazując wszystko na mapie. Ja tłumaczyłem.

– Serbowie będą tu za tydzień, najwyżej dwa.

– Jakimi siłami dysponują? – zapytał Joszko.

– Nas jest prawie dwustu – zaczął smutno dowódca. – Mamy pięć lekko opancerzonych wozów bojowych i dwadzieścia karabinów maszynowych. Pozostała część to wy. Miasteczko zostało obwarowane tym, co nadawało się do umocnień. Zrobiliśmy barykady, wozy bojowe ustawiliśmy na wylotowych ulicach z miasta przed linią umocnień. Jeśli nadejdą, będziemy negocjować – takie jest nasze zadanie – nie możemy użyć broni. Cały czas proszę o wsparcie ale... to na nic.

– Jaki jest plan? – zapytał inny z dowódców.

– Będziemy starali się nie dopuścić do sprowokowania działań wojennych. Mamy zaplanowane dwie linie obrony. Pierwsza jest mniej więcej tutaj – wskazał czerwoną linię wokół miasta, na kilkaset metrów od zabudowań.

– Co, jeśli nie zgodzą się?

– Jeśli nie zgodzą się na negocjacje i będą atakować, wycofamy się do miasta. To będzie nasza linia oporu – i wskazał obrzeża zabudowań.

– Tutaj możecie być już wy. Jeśli nas zaatakują, zostawimy wam najcięższą broń i zapasy amunicji i wycofamy się za miasto. Nie możemy walczyć razem z wami. Mam nadzieję, że nas rozumiecie.

Bośniacy pokiwali głowami. Joszko wyszedł z sali, przeklinając głośno w swoim języku i zatrzaskując za sobą demonstracyjnie drzwi.

Pułkownik popatrzył, zdjął beret z głowy, wytarł chusteczką pot z czoła i rzekł:

– To wszystko, panowie. Wszystko z mojej strony. Na nic więcej nie pozwalają mi rozkazy. Jakieś pytania?

– Tak – odezwał się porucznik Andrić. – A co dalej?

– Liczymy – odezwał się znów Holender, ściskając swój beret – że nie dojdzie do tego, o czym mówiłem... ale jeśli tak się stanie, będziemy informować dowództwo, co się dzieje na bieżąco. Mam zapewnienie, że jeśli dojdzie do starć, NATO podejmie ofensywę z użyciem lotnictwa.

– Zbombardują ich pozycje?

– Tak sądzę.

– Pytanie tylko – odezwał się inny z głębi Sali. – Kiedy?

– Właśnie, panowie. O to boję się najbardziej.

Narada się zakończyła. Wyszedłem z budynku. Stanąłem przed wejściem i przeczytałem na tablicy: Szkoła Podstawowa w Srebrenicy nr 3. Patrzyłem smutno, bo wcale nie słyszałem gwaru dzieci, który powinienem usłyszeć. Dostrzegłem też Joszko czyszczącego zamek swojego kałasznikowa. Palił skręconego wcześniej w rękach papierosa. Wiedziałem, że jego serce przepełnia ból, zwątpienie i rozczarowanie. Wiedziałem też, że byłem częścią jego uczuć – w końcu, patrząc na mnie, widział obywatela Zachodu. Zachodu, który nie chciał pomagać. Moje serce wypełniały takie same uczucia. Dodatkowo jednak czułem wstyd. Nadszedł lipiec. Z nieba lał się niemiłosierny żar. Trawa wyschła zupełnie i zielone pozostały tylko kolczaste krzewy i drzewa z gruboskórnymi szykowali się do ucieczki. Rankiem szóstego, kiedy zeszły rosy, w kierunku bazy ruszył z tobołami falujący tłum ludzi w łachmanach – głównie matek z dziećmi przywiązanymi do tobołków ze szmat i starców z kozami. Po kilku godzinach przed miastem zauważyliśmy ruch.

A więc już tam byli. Nagle, prawie w tej samej chwili, pomiędzy ciemnozielonymi krzewami i karłowatymi limbami pojawiły się białe dymki. Usłyszeliśmy świst w powietrzu i grzmoty rozrywających się pocisków na drodze, którą muzułmanie uciekali do Potocari. Tłum błyskawicznie rozpierzchł się jak ławica ryb, pozostawiając na drodze jedynie kilkanaście nieruchomych kształtów, porozrzucane walizki i zawiniątka. Ostrzał ustał. Po kilku godzinach wszyscy wrócili do miasta. Nocą ludzie znów spróbowali przedzierać się do naszej bazy. Patrzyliśmy na wszystko bezsilni, pięć kilometrów drogi od miasteczka, które uchodźcy chcieli pokonać, uciekając od strachu przed Serbami. Tej nocy znów usłyszeliśmy wybuchy i strzały. Znów na drodze pomiędzy bazą a Srebrenicą zastygły na zawsze ciemne kształty. Rankiem ostrzał nie ustawał. Ludność skryła się do piwnic, kanałów i pod mosty. Wszystko ucichło wieczorem. Ale nikt nie ważył się wyjść ze swoich kryjówek. Następnego dnia rozpętało się prawdziwe piekło. Ostrzał nie ustawał. Był regularny, jakby prowadził go niemiecki zegarmistrz. Granaty moździerzowe i pociski z haubic rozrywały się na ulicach, wybuchały we wnętrzach domów, rozrywając je na pył, kurz i drobny gruz – czasem grzebiąc skrytych w jego piwnicach ludzi. Na ulicach leżały porozrzucane meble, papiery, garnki, książki i ubrania. Bruk skrywała gruba warstwa odłamków szkła, gruzu i porozbijanych dachówek. Dzień był słoneczny. W miasteczku unosiły się dymy zatrzymujące promienie słońca, czyniąc jego uliczki jeszcze bardziej przerażającymi. Pożary, trawiąc ludzkie domostwa, dopalały się w kilku częściach miasta jednocześnie. Smród spalenizny czuć było wszędzie. Nad ranem zobaczyliśmy na ulicach pierwszych Serbów. Patrzyliśmy przez lornetki, jak wkraczają do miasta, złamawszy opór obrońców. W południe, kiedy wszystko już ucichło, zebrali ludność na ulicach i zastrzelili podczas publicznej egzekucji siedemnastu mężczyzn. Potem co jakiś czas słyszeliśmy pojedyncze strzały. Widzieliśmy, jak od strzałów w tył głowy giną ci, którzy zostali lub ci, którzy bronili się do końca.

Karremans poprosił o wsparcie lotnictwa. Mijały długie, milczące godziny, przerywane jedynie krzykami ludzi i pojedynczymi strzałami. Miasto, już zniszczone prawie w całości, dopalały jeszcze ostatnie pożary, wzniecane ręcznie przez Serbów. Cały dziesiąty dzień lipca wpatrywaliśmy się bezsilni w niebo, z nadzieją, że to wreszcie się skończy.

Siedziałem bezczynnie w bazie. Myślałem o Joszce, który został w miasteczku wraz z obrońcami. Bałem się nade wszystko, że któryś z tych strzałów może oznaczać jego śmierć. Bóg, jeśliby istniał, nie pozwoliłby na taką tragedię, ale mimo to modliłem się – choć nie wiem do kogo – aby to wszystko się skończyło, aby Joszko żył, a jeśli miał zginąć, niech zginie z bronią w ręku. Wiedziałem bowiem, że ten ciemnooki, dziki Bośniak nie chciał zginąć nigdy inaczej. Przypomniałem sobie, jak podczas pewnego noclegu w górach, przy ognisku mówił:

– Jeśli Allach zechce, abym zginął, proszę tylko o to, abym zginął na jego chwałę.

Patrzyłem mu w smaganą ciepłymi południowymi wiatrami twarz.

W czarnych oczach odbijał się ogień i błyszczały jak nigdy wcześniej. Zastanawiałem się, czy ten blask zawdzięcza swoim słowom czy światłu, jakie dawał wtedy płomień. Miał dzikie, niebezpieczne oblicze i każdy, kto patrzył dłużej, po chwili odwracał wzrok. Kilkudniowy ciemny i gęsty zarost potęgował ten widok, czyniąc oblicze Joszki jeszcze bardziej niedostępnym i złowieszczym. Miał w sobie smutek. Miał w sobie żal. To widziałem zawsze, kiedy stał na skale, patrząc smutno po wzgórzach przez lornetkę. To czułem, kiedy czasem umykał od wszystkich daleko i nocami, wtórując świerszczom i pohukiwaniom sów, wygrywał cicho nieznane melodie na organkach. Ale wiedziałem również, że jest w nim jeszcze coś. Coś, czego najbardziej się obawiałem. Była w nim zemsta. To był jego cel. Dlatego była to jego prywatna wojna.

Na początku oblężenia, w jednym z pierwszych dni ostrzału, serbski snajper zastrzelił jego dziewczynę, biegnącą do domu z lekami dla matki. Był wtedy z nią. Zginęła od strzału w pierś. Padła na ulicę i umarła bez bólu. Joszko, który wszystko to widział, od tego dnia z niezwykle zdolnego studenta architektury przedzierzgnął się w tego, kim był teraz.

Tamten Joszko umarł wraz z nią. Został ten, którego znałem ja i widziałem wtedy przy ognisku. O wszystkim opowiedziała mi kiedyś Blanka. Tego dnia, kiedy zastrzelili narzeczoną Joszki, poranił sobie twarz i ręce nożem. Potem wstąpił ochotniczo do armii, choć jeszcze wtedy nie musiał.

Teraz, kiedy na niego patrzyłem, blizny na twarzy i na umięśnionych rękach stwarzały upiorne wrażenie.

– Nie pójdę do niewoli nigdy – mówił, żując mięso przy ogniu. – Jeśli przyjdzie mi walczyć do końca, nie oddam skóry łatwo – tutaj chwycił za pas, przy którym miał uwieszony pocięty jak szyszka granat obronny i rzekł z nienaturalnym uśmiechem: – Jeśli przyjdzie mi zginąć, zginę od tego właśnie granatu. Ale wraz ze mną zginą wszyscy, którzy będą w pobliżu. Mścił się. Jak prawie każdy w tej wojnie. Cały dzień w mojej głowie kłębiły się myśli, wspomnienia. Myślałem o Blance. Tęskniłem za nią. Myślałem o tym, aby jak najszybciej z nią być. Wtedy tego dnia, w Potocari, zrozumiałem, że mój czas na Bałkanach dogasa. Że to jest piekło, które się nigdy nie skończy. Wiedziałem też, że muszę ją stąd zabrać.

Nagle, z zamyślenia wyrwały nas odgłosy wybuchających granatów. Zbliżyłem oczy do szkieł lornetki. Widziałem tylko tyle, że granaty wybuchają dokładnie na przeciwległej do bazy stronie miasteczka. Po kilkudziesięciu sekundach powietrze rozdarł bardzo silny wybuch. Jakby znów wybuchł granat moździerzowy dużego kalibru. W chwilę potem, kiedy nadal intensywnie szukałem wzrokiem miejsca wybuchu, usłyszałem:

– Wylecieli wreszcie!

– Co? – Odwróciłem się. Młody Holender powtórzył:

– Wylecieli wreszcie!

– Mów.

– Przed chwilą wystartowali z baz we Włoszech. Zaraz tu będą.

Dotarło do mnie. Pomyślałem – wreszcie. Był 11 lipca.

Samoloty NATO rozpoczęły nalot. Pytałem się w myślach, co będzie dalej. Odpowiedzią były te noce, kiedy wraz z innymi skryci w ciszy patrzyliśmy, jak nadciąga z daleka miarowy huk niewyobrażalnie ogromnych, odrzutowych B-52. Pod skrzydłami, niebem niosły tony trotylu, heksogenu i bomb zapalających. Bombowce wraz ze śmiercionośnym ładunkiem niosły też wtedy coś znacznie ważniejszego – nadzieję. Patrzyliśmy potem, jak na wzgórzach rozmywały się ognie, a wraz z nimi serbskie pozycje. Cieszyliśmy się ich tragedią, wierząc, że śmierć tamtych zakończy gehennę naszego miasta. Teraz już wiem, jak wojna pierze mózg, jak zmienia światopogląd i jak straszną jest zawsze.

Straszną dlatego, że prowadzona jest przez kilkunastu, a dotyczy milionów, niosąc ze sobą ból, cierpienie i tragedie jednostek, mnożonych i potęgowanych przez tysiące istnień, zabranych na zawsze. Bombardowanie miało dotyczyć wyłącznie pozycji militarnych. Wszyscy o tym zapomnieli. Serbowie byli Serbami, nawet jeśli były to matki z dziećmi, ranni w szpitalach i starcy. Amerykanie zrzucili bomby na serbski szpital. Potem zabili ponad dwustu ludzi w jadącym pociągu. Pilot popełnił błąd, biorąc za cel wojskowy coś, co okazało się obiektem cywilnym. Czy dwieście ludzkich istnień ma znaczenie w obliczu tysięcy, które zginęły wcześniej? Wtedy zrozumiałem też, że wysiłki moje, Toma i nas wszystkich pozwoliły zachodniemu światu zorganizować sobie poligon doświadczalny na Bałkanach. Nie pomogłem nikomu, co najwyżej kłamcom w garniturach pijącym wodę mineralną i karmiącym wszystkich słodkimi kłamstwami.

Pod pretekstem bombardowań, które miały przynieść Bośni koniec wojny, samoloty z czarnymi krzyżami, kółkami i gwiazdkami zrzucały nowe, wyrafinowane rodzaje rakiet i bomb – dotąd nieużywane, teraz wypróbowane, z różnym skutkiem, pod parasolem przynoszenia pokoju, bezkarnie i najlepiej – bo w prawdziwej wojnie, w której ginęli ludzie i znikały z powierzchni ziemi domy, miasta i wsie.

W odpowiedzi na NATO-wskie bombardowanie Serbowie zagrozili zabiciem wszystkich jeńców – również tych z nielicznych Holendrów, którzy pozostali jeszcze w miasteczku. Po południu, do naszej bazy wjechał Mladić. To on dowodził Serbami. Przyjechał wprost do pułkownika Karremansa. Zawołano także dowódcę muzułmanów ze Srebrenicy. Rozpoczęły się rozmowy. Ustalono, że walki w enklawie ustaną. Muzułmanie złożą broń, w zamian ONZ zajmie się ewakuacją całej ludności cywilnej, jaka jeszcze pozostała. Ustalono także, że Mladić dostanie listę nazwisk wszystkich mężczyzn i chłopców w wieku „militarnym" – od dwunastu do siedemdziesięciu siedmiu lat, aby sprawdzić, czy wśród nich znajdują się poszukiwani przez Serbów zbrodniarze wojenni.

Zapanował spokój. My czekaliśmy nadal. Do 12 lipca ONZ nie wydała rozkazu ewakuacji cywilów. Niektórzy z jeńców podjęli szaleńczą próbę przedostania się do oddalonej o pięćdziesiąt kilometrów Tuzli, gdzie znajdował się liczniejszy kontyngent wojsk UNPROFOR. Wszystkich zamordowano, zginęły tego dnia setki osób. Następnego dnia do miasta zaczęły zjeżdżać autobusy, do których pakowano kobiety i dzieci i wywożono w nieznanym kierunku. Następnego dnia Karremans, po wyczerpaniu się zapasów żywności, wody i lekarstw, podjął decyzję o wydaniu jeńców z bazy w Potocari Serbom w zamian za obietnicę ich ewakuacji. Wszyscy do szesnastego zostali wywiezieni z miasteczka. Kilka dni potem, podczas ewakuacji do baz we Włoszech, dowiedzieliśmy się, że wszystkich z autobusów – całe miasteczko, około siedem tysięcy ludzi – wywieziono i rozstrzelano, chowając w zbiorowych mogiłach Orohovacu, Grbavcy Kozluku, Kravicy, Petkovicy i nad rzeką Jadar. Tego samego dnia Serbowie pozwolili nam opuścić bazę. Mieliśmy tylko pozostawić broń i amunicję. Wypuścili także tych, którzy byli w niewoli. Już w śmigłowcu pytałem uwolnionych jeńców o Joszkę, o którym nie miałem wieści od chwili, kiedy został w mieście, a ja skryłem się z Holendrami w bazie. Nikt nic nie wiedział. Nagle jeden z nich, zaczął opowiadać.

– Widziałem go, widziałem. Kiedy Serbowie wkroczyli i zaczęli mordować wszystkich, cywile skryli się za miasteczkiem w magazynach tego wielkiego zakładu. On i kilku dwóch jego ludzi było z nim. Był ranny w ramię. Miał oparzoną z jednej strony twarz. Widziałem, jak rozbrajali granaty moździerzowe i kostki trotylu wkładali do plecaków, do kieszeni i wszędzie, gdzie tylko się dało, po czym znikli jak duchy gdzieś w budynkach tej cementowni. Po kilku godzinach do zakładu weszli Serbowie. Szybko odkryli, że w magazynach skryli się cywile. Było ich kilkudziesięciu. Może dwa lub trzy plutony. Dowodził nimi porucznik, jestem pewny zresztą, że nie był Serbem, ale zwykłym najemnikiem. Dowódca, z wyraźnie niemieckim akcentem. Wydał rozkaz:

– Obrzucić magazyny granatami.

– Byliśmy już wtedy bez broni i pasów. Widziałem, jak ludzie skryci w magazynach wyrzucają z powrotem odbezpieczone granaty, które Serbowie wrzucili do wewnątrz. Słyszałem śmiechy i obelgi Serbów. Zanim wrzucili granaty, weszli do środka. Wywlekli za włosy, bijąc kolbami karabinów, pięściami i kopniakami gdzie popadło młode dziewczyny i kobiety. Niektóre z nich po czternaście, szesnaście lat. Chcieli urządzić zawody polegające na tym, kto szybciej zgwałci „swoją" i ją zamorduje. Jeszcze gwałcąc, niektórzy z nich wbijali noże w pierś tych biednych dzieci, aby się nie szarpały. Trwało to kilka chwil. Nagle z trzech stron jednocześnie wybiegli galopem na koniach oni. Obwieszeni granatami i trotylem, jak tylko się dało. Pierwszy nie dobiegł, bo zastrzelili mu konia, zaraz jak tylko wybiegł. Ich dowódca położył się na końskim grzbiecie. Nie widzieli go, słyszeliśmy tylko wszyscy, jak krzyczał dziko, poganiając swojego wierzchowca. Widziałem przerażenie w oczach tych wszystkich zbrodniarzy. Niektórzy strzelali, inni zapinali spodnie. On wciąż dziko krzyczał. Tego krzyku nie zapomnę już nigdy. To był najstraszniejszy głos, jaki kiedykolwiek słyszałem. Kiedy był bardzo blisko, widziałem, jak wyprostował się, i dopiero wtedy dostrzegłem, że w dłoniach ma granaty. Po chwili powietrzem targnął wybuch i w ułamku sekundy drugi. Eksplozja zmiotła wszystko z powierzchni ziemi. Wszyscy, którzy znajdowali się w pobliżu, zginęli. Wśród Serbów, którzy ocaleli, wybuchła panika. Wtedy udało mi się stamtąd uciec. Ci, którzy byli ze mną, zginęli również. Nie wiem, co działo się dalej. Po czym ten młody żołnierz zaczął płakać jak dziecko.

Wiedziałem już, jak zginął Joszko.

Wróciłem do Sarajewa. Spotkałem się, jak tylko szybko mogłem, z Blanką. Kiedy zapytała:

– Co z nim? Co z Joszką?

– Nie mam o nim wieści – skłamałem znów. – Podobno uciekli w góry ostatniego dnia oblężenia i straciłem z nim kontakt. Musiałem uciekać. Powiedziałem jej. Zgodziła się na wszystko. Pozostało pytanie tylko jak? Wraz z jedną z coraz rzadszych wizyt ogromnych transportowców poleciałem do Amsterdamu. Wiedziałem, że muszę ją wyciągnąć z tego piekła. Drogą powietrzną nie mogłem niestety, choć tak byłoby najprościej. Użyłem swoich wszystkich wpływów, aby się dokładnie dowiedzieć, co muszę zrobić, by ją sprowadzić. Nie było to sprawą łatwą, ale tydzień, który mi się dłużył w nieskończoność, wykorzystałem w pełni, by wszystko przygotować. Moje międzynarodowe kontakty z różnymi dziennikarzami znacznie ułatwiły sprawę. Plan był taki: musieliśmy się przedostać przez połowę górskiej części Dalmacji do granicy z Chorwacją. Potem w niewielkim miasteczku przy brzegu Adriatyku czekać na opłaconego włoskiego rybaka. Dostał połowę sumy, drugą miał dostać po dopłynięciu do brzegów włoskiego wybrzeża. To załatwili amerykańscy piloci we Włoszech. Spotkałem tam mechanika, który znał Toma. Pomógł mi. Pieniądze nie grały dla mnie roli, musiałem ją uratować. Moje konta wyczyściłem prawie całkowicie. Musieliśmy się tylko znaleźć dwudziestego szóstego lipca o dwudziestej drugiej przy wejściu do portu w Puli.

Kiedy leciałem z powrotem do tego okropnego miasta, wszystko wokoło było takie samo jak za pierwszym razem. Czterosilnikowy herkules tak samo jednostajnie buczał, ogromnymi śmigłami tnąc powietrze. Chmury były tak samo piękne, nawet żołnierz w luku był podobny do tamtego. Jednak dla mnie była to zupełnie odmienna rola. Teraz leciałem tam pełen obaw – co zmieniło się podczas mojej nieobecności? I pełen nadziei, że za kilka dni będziemy spokojnie spacerowali po ulicach Amsterdamu, trzymając się za ręce. Obiecywałem sobie, że zabiorę ją do miasta mojej młodości, do Pragi. Że razem zobaczymy Big Bena w Londynie i będziemy wspólnie oglądać panoramę Paryża ze szczytu wieży Eiffla. Tak wiele chciałem z nią przeżyć! Tak bardzo chciałem, by moje poddasze w Amsterdamie stało się naszym domem, a moje łóżko już nigdy nie było dla mnie tylko zimnym meblem, z którego rano niechętnie wstawałem. Tak, nie chciałem znać już wojny. Będąc już trzydziestoczteroletnim mężczyzną, dojrzałem wreszcie i wiedziałem, że Blanka jest kobietą mojego życia. Że każdą chwilę chcę spędzać z nią, chcę być przy niej, kiedy będziemy się starzeć. Chciałem, by stała się na zawsze moja. I chciałem ją zabrać z tego bałkańskiego piekła.

Słońce zachodzi w Adriatyku

Po powrocie szybko ją odnalazłem. Znała mój plan i tylko czekała. Matka zaakceptowała wszystko. Chciałem, aby pojechała z nami, ale – co było do przewidzenia – nie chciała opuszczać swojej zalanej krwią ojczyzny. Mówiła:

– Jestem za stara.

Mocno wierzyła, że Joszko kiedyś wróci.

– Ktoś musi tu, czekać. Kto inny jak nie matka? – pytała.

Wiedziałem, że nie wróci. Blanka chyba także, choć miała jeszcze nadzieję, że może się kiedyś spotkają i że moje słowa były prawdą. Nigdy im nie powiedziałem, że zginął. Nie miałem odwagi. Nie chciałem zabierać im nadziei. Przecież ona umiera ostatnia.

Na kilka dni przed wyjazdem kupiłem od pewnego Chorwata starą dacię. Wkrótce sunęliśmy na zachód. Do Puli. Serbów nie było. Byli za to najemnicy i bandy. Wiedzieliśmy oboje, że musimy zaryzykować. Ruszyliśmy, wybierałem drogi najmniej uczęszczane. Mniej więcej sto pięćdziesiąt kilometrów od morza dojechaliśmy do miejsca, gdzie zobaczyłem coś, co wcześniej widziałem w Polsce jako dziecko. To był obóz.

Wysokie ogrodzenie z drutu kolczastego. Nie mogłem, jako dziennikarz, oprzeć się pokusie sfotografowania tego – choćby kilka zdjęć. To był mój obowiązek wobec ludzi za drutami.

– Artur, daj spokój, to niebezpieczne. Uciekajmy. Nie rób tych zdjęć.

– Muszę je zrobić. Przecież to jest obóz, w którym trzyma się ludzi, rozumiesz – tak jak kiedyś w Polsce.

– To są Serbowie, lepiej niech są tu, niż mają do nas strzelać.

Przyłożyłem canona do oka i fotografowałem. Blanka trzymała kierownicę. Pomyślałem wtedy, jak mocno wojna niszczy ludzką psychikę. Jak zniszczyła psychikę Blance. Nagle chwyciła za obiektyw i krzyknęła:

– Schowaj aparat, żołnierze!

Rzeczywiście, natknęliśmy się na patrol chorwacki. Zdejmowali już broń z ramienia.

– Stać!

Zatrzymali nas. Było ich dwóch. Widzieli, że robiłem zdjęcia. Wiedziałem, że będą kłopoty.

– Wyłazić z auta – odezwał się pierwszy z nich z AK-47 wycelowanym prosto we mnie. Podniosłem spokojnie ręce do góry i wyszedłem z auta.

– Jestem dziennikarzem – odparłem.

– Czemu robiłeś zdjęcia?

– Bo jestem dziennikarzem, to mój zawód.

– Jesteś pewnie serbskim szpiegiem – z uśmiechem powiedział drugi żołnierz. – A nie żadnym dziennikarzem.

– Jestem holenderskim dziennikarzem, jedziemy nad morze.

– Po co? Nie podoba wam się w górach?

Sytuacja zaczynała się robić bardzo niebezpieczna. Wiedziałem, że jest wojna – że dwóch prostych żołnierzy widziało, jak robiłem zdjęcia obozu jenieckiego. Jeszcze chwila i mogło dojść do katastrofy. Pierwszy z żołnierzy zbliżał się do mnie. W tej samej chwili usłyszałem głos ostry Blanki.

– Nie ruszaj się, skurwysynu, bo cię zaraz rozwalę.

Spojrzałem na nią z przerażeniem. Trzymała w rękach małego makarova. Nie wiedziałem nawet, że wzięła ze sobą broń. Celowała w żołnierza stojącego do niej bokiem.

– Artur, jedziemy! Ruszaj – krzyknęła.

Drugi z żołnierzy wycelował wprost w nią. Celowała nadal w tego samego żołnierza. Jego towarzysz w nią. A ja byłem bez broni. Nie mogłem się ruszyć. Nie mogłem nic zrobić. Mogła strzelić, a on strzeliłby wtedy w nią. Sytuacja była naprawdę bardzo groźna. Nie wiedziałem, co robić. Odezwała się do nich po chorwacku.

– Nie jesteśmy szpiegami, to dziennikarz. Mówił prawdę – zamierzamy dotrzeć do morza i przedostać się z tego przeklętego kraju na Zachód. Oddamy wam aparat – puśćcie nas wolno. Nie jestem, tak samo jak wy, Serbką. Mój brat walczy po naszej stronie.

– Nie oddam im aparatu – odparłem.

– Musisz to zrobić, inaczej stąd nie wyjedziemy.

– Jestem neutralnym dziennikarzem, chronią mnie międzynarodowe konwencje... – Nie zdążyłem jeszcze dokończyć zdania, kiedy wrzasnęła na mnie, pokazując wzrokiem druty kolczaste:

– Ich też! – Po czym zwróciła się do żołnierza, który celował w nią.

– Opuść to. Zaraz oddamy wam aparat, pojedziemy sobie w swoją stronę i zapomnimy o wszystkim.

Musiałem się wtedy znów skurwić. Pierwszy raz, kiedy byłem w Srebrenicy, nie mogłem niczego zrobić dla tych ludzi. Teraz drugi raz. Miałem w aparacie dowody na to, że w latach dziewięćdziesiątych w środku Europy istnieją obozy koncentracyjne. Miałem coś, na co być może czekał świat – na dowód, aby zakończyć tę bezsensowną wojnę. Owoce mojej pracy tutaj. Nie mogłem postąpić inaczej. Każdy człowiek w obliczu zagrożenia życia swojego i swoich najbliższych będzie się starał je ocalić za wszelką cenę. Zrobiłem to samo.

Żołnierz opuścił kałasza. Wyrzuciłem daleko za nich mojego canona. Blanka wrzasnęła do mnie, celując nadal w spoconego już żołnierza:

– Ruszaj!

I pojechaliśmy. Nie strzelali, nie ścigali nas. Mieliśmy wielkie szczęście. Zachowała się bardzo przytomnie. Naraziłem nas na wielkie niebezpieczeństwo.

Przez kilka następnych godzin jechaliśmy w milczeniu. Mijaliśmy po drodze puste spalone wsie. Domy bez okien i dachów. Domy, które ktoś rozpoczął budować i przed nakryciem dachem zaprzestał swojej pracy. Teraz porośnięte trawą, słonecznikami i krzakami stały samotne i smutne. Tylko czasem obok w górach pasły się zdziczałe kozy, przypominając o żyjących tu kiedyś ludziach. Mijaliśmy domy, które strawił ogień i teraz stały z czarnymi kikutami resztek spalonej więźby, jako dowód tragedii jego mieszkańców. Ludzie spoglądali z ukrycia zmęczonymi i wystraszonymi oczami. Przepiękne krajobrazy zmieniały się jak w kalejdoskopie. Mijaliśmy góry i zjeżdżaliśmy ku morzu.

Byliśmy coraz bliżej celu naszej podróży. Po kilkudziesięciu godzinach jazdy wyjechaliśmy na wzgórze i pierwszy raz z ziemi ujrzałem błękit Adriatyku. Wcześniej widziałem go z wysoka, tylko z okien herkulesa. Błękitne fale rozbijały się o skaliste wybrzeże, a przed nami rozpościerał się ogromny, bezkresny błękit. Aż do widnokręgu. Za nim czekała wolność i nasze szczęście. Byliśmy tacy szczęśliwi i pełni nadziei.

– Wszystko przygotowałem. Zaraz po przypłynięciu do Włoch poprosisz o azyl polityczny. Patrzyła w milczeniu z miłością. W porcie w Puli byliśmy trzy dni wcześniej. Spokojnie czekaliśmy więc na nasz kuter. Tam, w tym małym miasteczku, było zupełnie inaczej.

Prawie w ogóle nie było widać wojny. Ludzie rankiem czytali gazety przy kawie i rozmawiali w wąskich uliczkach. Pytanie, które zadawałem podczas pobytu w tym wyklętym przez Boga i ludzi zakątku Europy, tam było jeszcze bardziej palące niż zwykle.

– Kto zniszczył ten piękny kraj?

W przedostatnią noc w Chorwacji poszliśmy nad morze. Niebo zalewało się purpurą zachodzącego słońca, a morze, gładkie jak lustro, lekko się kołysało w rytmie naszych oddechów. Znaleźliśmy kawałek piaszczystej plaży ukrytej wśród skał. Położyła się na ciepłym jeszcze piasku i powiedziała:

– Chodź, chciałabym ci coś powiedzieć. Jeszcze tu, w Chorwacji.

Potem opuściła wzrok, ukrywając czarne oczy pod długimi, wygiętymi w górę rzęsami.

– Zamieniam się w słuch, kochana.

– Ale obiecaj, że nie będziesz zły – poprosiła, wydymając pełne usta.

– Miałam ci powiedzieć o tym dopiero na statku, ale teraz jest chyba dobry moment.

– Mów wreszcie.

– Obiecaj, proszę.

– No dobrze. Obiecuję.

Milczała przez chwilę, przesypując drobny piasek między palcami, po czym wyrzuciła z siebie jednym tchem:

– Będziemy mieć dziecko.

– Dziecko... – powtórzyłem bezmyślnie.

Nie wiedziałem, co powiedzieć. Ta wiadomość mnie oszołomiła. Usiadłem obok na piasku. Dotarło do mnie, że zostanę ojcem. Moją pierś wypełniła duma. Będę ojcem.

– Powiedz coś...

Cóż mogłem powiedzieć? Położyłem się na piasku. Zacząłem się śmiać. Biegałem po plaży szczęśliwy jak dziecko, skakałem i podrzucałem piasek w powietrze. Patrzyła na mnie i uśmiechała się tylko. Podbiegłem do niej, chwyciłem za rękę i wbiegliśmy do Adriatyku. Nasze ciała okryło ciepłe morze. Pocałowałem ją i czułem jakże wspaniały smak ust zmieszany z morską wodą. Teraz był dla nas zwiastunem zbliżającego się szczęścia. Całowałem ją. Odwzajemniała pocałunki i uśmiechała się przez mokre włosy, przyklejone do skóry i ust. Byliśmy szczęśliwi. Wreszcie kończył się koszmar.

Kiedy słońce zaszło już za horyzont, wyszliśmy z wody i położyłem ją na mokrym piasku. Nie przestając ją całować, zdjąłem z niej mokry podkoszulek. Ukazały się moim oczom najcudowniejsze kształty, jakie może stworzyć natura. Dwie wspaniałe piersi, które wkrótce miały karmić mlekiem moje dziecko. Ta cudowna kobieta miała sprawić, że najwspanialszy cud natury miał się urzeczywistnić. Miała urodzić mojego potomka. Całowałem ją, a w oliwkowej skórze odbijały się morskie fale. Pachniała tak intensywnie, że mógłbym go chwycić w dłoń, i tak delikatnie, cudnie ulotnie, że nie mogłem go nawet określić, doprowadzał moje zmysły do wrzenia. Jak wspaniałym uczuciem może być miłość, kiedy się kogoś kocha. Usta wędrowały po smukłym ciele jak dłonie ślepca, kiedy chce sobie wyobrazić czyjąś twarz. Aksamitna szyja, uda, piersi i boskie krągłości cudu natury, wspaniałego dowodu jej geniuszu. Kobiety!

Sunąłem wargą po aksamicie skóry, jak palcem po mapie jej ciała. Kiedy dotarłem do miejsca, z którym spotykają się usteczka noworodka – dwa rozkoszne guziczki wielkości małego paluszka, wychodząc na spotkanie, uniosły się w górę jak dwa startujące żurawie. Najpierw powoli, by po chwili szybować unoszone ciepłymi prądami. Obejmowałem je i dotykałem ciepłem ust. Krople słonej wody ściekały po lśniącej skórze, jak krople deszczu po szybie. Mój język okrążał i muskał wystający kawałeczek boskich piersi. Twardych i jędrnych piersi córy południowych wiatrów i słońca lejącego żar z błękitnego nieba. Teraz dalej w krainę rozkoszy, niżej i bliżej rozkosznej kępki poskręcanych włosków. Z każdym calem jej skóry coraz wyżej w chmury, do nieba, by spić z zagłębienia pępka resztki morskiej wody, a z nią ostatni bastion wstydu. Jeszcze malutki, brązowy pieprzyk jak drogowskaz wskazujący drogę do raju, do Edenu. By być blisko niej. Najbliżej jak można. By być jednym ciałem. Na malutkim wzgórku króciutkie włoski łaskotały moje wargi i zapowiadały tchnieniem swojego zapachu, że raj już jest w zasięgu ust. Jak wtedy, gdy stajesz przed lasem, przed ścianą drzew, i czujesz zapach żywicy. Tak, czułem, że nie mogę być bliżej, kiedy moje pocałunki dotykały jej rajskiej winnicy. Jej ciało wyprężyło się jakby napięta do granic możliwości cięciwa łuku na moment przed wypuszczeniem strzały. W moich ustach gościł słodki owoc winogrona, ogrodu, który wkrótce ma wydać na świat nowe życie przez nas stworzone miłosnym uniesieniem w straszną noc… by być bliżej, bliżej, by być jednym ciałem i dwoma duszami, zagłębiłem się wolno w jej wnętrzu. Oblały mnie słodkie jak najlepsze bordeaux soki. Otoczyła mnie fala ciepła, ciepła jej ciała, które będzie domem. Gdzie w ciszy i spokoju rozwijał się będzie cud, cud życia. Dziecko. Jej. Moje. Nasze. Z każdym ruchem bliżej. Głębiej, mocniej, by wydobyć z wnętrza głos. By struny głosowe drgały jak muśnięte wprawną ręką struny wiolonczeli. By powtarzały się w rytmie fal obmywających nasze bose stopy. Z każdym płytkim, coraz płytszym oddechem drgały jękiem głośniej, mocniej i wyraźniej. By wreszcie cięciwa zwolniła napięcie i swym zwolnieniem wlała w nią ciepłą falę uniesienia, bym bardziej ją kochał.

Tej nocy długo jeszcze leżeliśmy na mokrym piasku dalmackiej plaży, myśląc o naszej miłości i o tym, co nas spotka następnego dnia.

Nazajutrz czekaliśmy w milczeniu i niepewności, wsłuchując się w odgłos morskich fal, siedzieliśmy, mając przy sobie tylko mały plecak. Przeklęty, podrzucony przez diabła kawałek szmaty. Powoli dochodził do naszych uszu odgłos pracującego diesla. Kuter nadpływał. Za chwilę miał nas zabrać w rejs ku wolności i szczęściu. Zawinął i umówionym gestem rybak dał znak, by wskakiwać na pokład. Wszedłem i przywitałem się z moim Amico. Słysząc nagle krzyk, obróciłem głowę. Blanka trzymała plecak, a jakiś Cygan starał się go wyrwać. Wyskoczyłem z łodzi i usłyszałem strzał. Blanka upadła, a mnie jakaś ogromna siła zwaliła z nóg. Straciłem przytomność.

Kiedy ją odzyskałem, leżałem w szpitalu we Włoszech. Zostałem postrzelony. Mój Amico uratował mi życie. Nikt nie chciał odpowiedzieć na pytanie, co z moją kochanką.

– Wszystko jest dobrze. Nie możesz się denerwować.

– Ale co z nią? Muszę wiedzieć. Jest w ciąży.

– Tak, wiemy o ciąży. Nie martw się.

– Kiedy ją zobaczę? Nie mogę tu leżeć. Ona musi poprosić o azyl.

– Wszystkim się zajęliśmy. Proszę się nie martwić.

– Kiedy wyjdę? Przecież nic mi nie jest.

– Niedługo. Jest pan jeszcze bardzo słaby. Ale przeszedł pan bardzo skomplikowaną operację i konieczny jest pobyt w szpitalu. Faszerowali mnie lekami uspokajającymi i nasennymi. Nikt nie chciał mi powiedzieć, co się stało. Wreszcie kiedy Amico przyszedł, opowiedział mi:

– Kiedy was postrzelił, zabrałem was na łajbę i opatrzyłem. Byłeś nieprzytomny i bardzo krwawiłeś. Myślałem – byłem pewny – że nie przeżyjesz, ale i tak musiałem wracać, więc cię zabrałem.

– Co z nią?

– Opatrzyłem i ją jak tylko potrafiłem najlepiej. Kula przebiła jej płuco i przeszła na wylot. Opiekowałem się nią w czasie rejsu. Prosiła, abym ci powiedział – i tu powtórzył chorwacki zwrot, który oznaczał:

– Powiedz mu, że go kocham i nigdy nie przestałam. Potem usnęła. Zamknęła oczy i odeszła.

– Odeszła? O czym ty mówisz?

Nie pamiętam nic więcej z tej rozmowy. Nie wiem, co do mnie mówił jeszcze. Pamiętam tylko lekarzy, którzy coś krzyczeli po włosku. Potem była już tylko cisza i światło. Wyrwał mnie ktoś stamtąd i znów leżałem w tym cholernym szpitalu. Moja Blanka nie żyła, a dla mnie nie istniało życie. Nie miało sensu, nie miałem, po co i dla kogo żyć. Gdyby nie to, że przeleżałem w tym szpitalu pół roku, pewnie strzeliłbym sobie w łeb. Kiedy mnie wypisali, poszedłem na jej grób, by położyć tam bukiet róż. To, że zginęła, to była moja wina. To ja ją zabiłem, zabiłem ją i nasze nienarodzone dziecko. Zabiłem nasze szczęście. To ona powinna była wsiąść na ten kuter pierwsza. Byliśmy tak blisko, tak blisko! Na wyciągnięcie ręki. Nigdy sobie tego nie wybaczyłem.

Wiem, że ona nadal tam jest. Blanka i moje dziecko. Spoczęła na zawsze na włoskiej ziemi obok oliwnego drzewa. Postawiłem marmurową płytę, zapewne zapomnianą już przez wszystkich. Dla mnie to miejsce nigdy nie będzie zapomniane. Będę zawsze o nim pamiętał, tak jak nie zapomnę o niej. Ale nie pójdę na jej grób nigdy.

Mój dom daleko

Po kilku miesiącach w szpitalu i krótkiej rehabilitacji wróciłem do Holandii. Znów zająłem się pracą. Ona zawsze była dla mnie najlepszym lekarstwem. To pozwalało nie myśleć o Blance i moim nieszczęściu. Wszyscy, którzy mnie znali, stwierdzili, że pobyt w Bośni bardzo mnie zmienił. O tak, mieli cholerną rację.

Nie chciałem już słyszeć o wojnie. O ironio, jaki los musi być złośliwy. Dokończyłem pracę związaną z wojną i opublikowałem moje i Toma zdjęcia w książce pod tytułem Bałkańskie łzy. Szybko osiągnęła sukces i zrobiła spore zamieszanie. Znów byłem popularny. Dziennikarze w wywiadach pytali mnie o takie bzdury, że nie wiem, co powstrzymywało mnie od tego, by im nie przywalić. Głupcy, nie rozumieli nic. Byli ślepi i głusi na wszystko, co do nich mówiłem. Wojna na Bałkanach toczyła się nadal.

Otworzyłem kiedyś szufladę i znalazłem dwa zdjęcia. Na jednym z nich patrzyliśmy w obiektyw wesoło ja, Tom i Flip z Flapem. Na drugim Blanka uśmiechała się do mnie słodko czarnymi jak węgle oczami.

– Są tam, stoją obok ciebie.

Młoda dziennikarka spojrzała na zdjęcia. W ciemności jednak niewiele widziała. Słuchała nadal.

– Miałem już ponad trzydzieści pięć lat. Wciąż byłem nieszczęśliwy. Cały czas pamiętałem o Bośni. Praca dawała mi pieniądze i satysfakcję, że robię to, co kocham. Jednak była to jedyna moja miłość, która tak dobrze opierała się próbie czasu. Wszystkie pozostałe przegrywały.

Przegrała Agnieszka, Monika, Alenka i Blanka. Przegrały wszystkie, a wraz z nimi ja. Odeszli moi rodzice, dziadek i przyjaciele. Wszyscy, których pokochałem, przegrywali. Wszyscy rozbijali się jak okręty podczas burzy o skały. Wszystkich moja miłość zabijała. Jakże było to okrutne i niesprawiedliwe.

Nie chciałem mieć nic wspólnego z wojną i ludzkim nieszczęściem.

Nie chciałem więc już pracować jako dziennikarz, który codziennie niemal spotyka się z ludzkim nieszczęściem. Wiesz przecież, że dla dziennikarza zła wiadomość to dobra wiadomość!

Uśmiechnęła się smutno. Miał rację. – Z drugiej jednak strony, człowiek, pomijając swą okrutną brzydotę, to najbardziej fascynująca istota na ziemi. Nie mogłem zrezygnować z tego, by przestał być obiektem mojego zainteresowania. Rozpocząłem pracę w branży reklamowej. Potem rozszerzyłem działalność o modę.

Tkaniny, modele i modelki. Pokazy mody i dewiacyjnie chude, wysokie dziewczyny. Nieszczęśliwe i puste w swym samouwielbieniu kaleki emocjonalne, wykreowane przez zniewieściałych w swym homoseksualizmie stylistów. To dawało jednak pewną oazę, bezpieczeństwo. Nie bałem się, że znów kogoś zabiję swoją zainfekowaną nieszczęściem miłością. Przez długi czas udawało się to wyśmienicie. Kiedy kobiety proponowały mi jakiekolwiek spotkania, odmawiałem konsekwentnie. Nie chciałem nikogo zabić. Byłem już świadomy mojego fatum. Spędziłem tak kilka lat, bezowocnie marnując tlen. Moi rówieśnicy mieli już od dawna rodziny. Niektórzy się rozwodzili, niektórzy już wysyłali swoje dzieci na studia, a ja wciąż siadywałem w parku, by popatrzeć, jak inni prowadzą swoje malutkie odbicia za rękę, lub by posłuchać ich śmiechu.

Byłem nieszczęśliwy, zgorzkniały i sfrustrowany. Coraz częściej uciekałem w alkohol. Poznałem również to, co zabiło Alenkę. Nie zależało mi na życiu. Bo co jest warte życie w samotności? A samotność w tłumie jest najgorszą, najbardziej bolesną jej odmianą. To poddasze stało się dla mnie samotnią, niemym świadkiem mojego nieszczęścia. Wracałem z pracy i za drzwiami, pomiędzy drewnem i światłem z wielkich, jasnych okien, obumierałem stopniowo jak roślina bez wody. W akwarium zdechły mi ryby, więc trzymałem w nim butelki z alkoholem. We mnie wciąż toczyła się wojna.

Spóźnieni kochankowie

Mijały lata. Wojna na Bałkanach dogasała. Zachód znów bombardował „pomagając". Potem złapano Krstića, jednego z tych, którzy wrzucali granaty do magazynów. Skazano go na czterdzieści sześć lat więzienia. Dziesiątki ludzkich istnień jest warte czterdzieści sześć lat odosobnienia.

Zeznania świadków i nasze zdjęcia doprowadziły do postawienia w stan oskarżenia Mladicia, Karadžicia i Miloševicia. Powołano Międzynarodowy Trybunał Karny dla byłej Jugosławii. Piękne gesty – wtedy jednak nikt o tym nie pamiętał. Wśród oskarżonych brakowało tych, którzy na to pozwolili. Goering w Norymberdze miał rację:

– To zwycięzcy zawsze oskarżają, choćby byli tak samo winni.

W tym roku Holenderski Instytut Dokumentacji Wojny opublikował raport na temat zbrodni wojennych w byłej Jugosławii. W raporcie uznano nasz udział w wydarzeniach w Srebrenicy:

– Współpracą przy czystkach etnicznych.

Poczułem się skurwiony po raz trzeci. W raporcie dowodami były moje, Toma i innych zdjęcia. Kiedy wszystko już się skończyło i ucichło, nas – tych, którzy widzieli to na własne oczy i stali bezsilni – oskarżono o współpracę w mordowaniu tych biedaków. Bo byliśmy bezsilni, bo nie walczyliśmy – nikt nie pamiętał tego, jak było naprawdę. Nikt nie wspominał o tym, że żołnierze mieli rozkaz nieużywania broni, że odmówiono wsparcia, kiedy prosiliśmy o to jeszcze w maju. Nikt nie mówił, że od chwili, kiedy Karremans poprosił o samoloty, do chwili, kiedy wreszcie nadleciały, minęło wiele bardzo długich i w efekcie zabójczych dla mieszkańców enklawy godzin, kiedy ci, którzy nas teraz oskarżyli, wahali się przed podjęciem decyzji.

Popadłem w depresję.

Powinienem był wtedy nie wychodzić ze swojej samotni, powinienem się upić na śmierć albo zbyt dużo kokainy wsypać sobie do drinka jak dziś, ale nie zrobiłem tego. Musiałem żyć dalej. Gdybym j e j nie poznał, umarłbym już wtedy. Pewnie nie zrobiłabyś tego wywiadu i wszystko to nie wydarzyłoby się. Ale stało się inaczej i dlatego tu jesteś. Tego dnia jak zwykle poszedłem do studia, by wykonać zlecenie. Dzień był mokry, zimny i nieprzyjemny, jak całe moje ostatnie lata życia w tym cholernie nudnym kraju. Za kilka dni miałem urodziny. Zadzwonił do mnie telefon i jeden z pracowników agencji powiedział:

– Panie Arturze, mamy tu sesję z pewną młodziutką Polką. Słabiutko mówi po angielsku. Pamięta pan jeszcze polski?

– Tak, oczywiście, pewnych rzeczy się nie zapomina.

Dureń, pomyślałem, zapomniałem jak się mówi po polsku? Co za debil.

– Może pan zrobi tę sesję?

Zastanawiałem się chwilę. Pomyślałem, że byłoby miło posłuchać znów polskiego. Zgodziłem się.

– Dlaczego nie.

Potrzebowałem pieniędzy na wódę i heroinę. Zaczynałem się staczać. To było w agencji na Sant Pertus Canisjuslan. Wszystko było przygotowane. Studio czekało na naszą słowiańską wschodzącą gwiazdeczkę.

Nienawidzę czekać na cokolwiek i kogokolwiek, a cóż dopiero na jakąś smarkatą piękność. Denerwowałem się, czekając na nią, ponieważ nie robiłem nic, a to mnie nudziło. Z nudów, rozmawiając z charakteryzatorkami, dowiedziałem się co nieco o naszej miss. I rzeczywiście, wygrała jakiś tam konkurs miss nastolatek w Polsce i:

– Goście od bielizny ją wyłowili.

– Aha. Od bielizny. Czyli zarabiamy dupą.

– Ma dziewiętnaście lat.

– Niedawno i ja miałem tyle. Byłem w szkole średniej i to było tak niedawno.

Po czym doszło do mnie jeszcze tylko, że to już było jednak prawie dwadzieścia lat temu. Minęła od tamtych chwil połowa mojego życia. Ciekawe tylko, która. Ta lepsza czy gorsza? W jej przypadku chyba ta lepsza. Ale w moim?

Kiedy wreszcie przyszła po pięćdziesięciu minutach spóźnienia, wszyscy byli wściekli, łącznie ze mną. Wystarczyło jednak, że powiedziała cicho po polsku śpiewnym głosem:

– Przepraszam – I spod długich, jakże pięknie wygiętych w górę rzęs, spojrzała, by złość stopniała w nas jak lody w pełnym słońcu.

Była tak oszałamiająco piękna w tym swoim dziewczęcym zachowaniu, że poruszyłaby chyba betonowy pomnik. Podając rękę, przedstawiła się. Pozostałych zdążyła już poznać.

– Mam na imię Jowita. Nikt nie potrafi tu tego wypowiedzieć, więc wszyscy mówią mi Joy. Podoba mi się, więc niech tak już zostanie. OK?

– W porządku – odpowiedziałem.

Uśmiechnęła się promieniście. A mnie trafił grom. Boże – pomyślałem, znam ten uśmiech! Gdzieś go widziałem! Przez myśl przemknął mi wtedy uśmiech mojej Mo. Znów dopadły mnie cholerne wspomnienia. Nie było ze mną najlepiej. Załamywałem się.

Wzięliśmy się do pracy. Przygotowałem oświetlenie i czekałem z aparatem na statywie. Kiedy wyszła w bieliźnie, wszyscy patrzyli na nią jak urzeczeni. Gdybym był poetą, wiedziałbym o czym pisać trzynastozgłoskowcem.

Gdybym był muzykiem, wiedziałbym, dla kogo już komponować uwertury! Gdybym był malarzem, wiedziałbym, co zrobić z farbami, ale jestem fotografem, więc malowałem ją światłem. Stała przede mną. A ja fotografowałem.

– Pochyl się, spójrz w dół, w obiektyw. Spójrz na mnie.

Jakże bosko wyglądała, kiedy wiotka i krucha jak wierzba pochylała się nad brzegiem aksamitnego łoża. Jak jej czarne włosy zwisały w dół, dotykając niemal podłogi na podobieństwo długich gałązek nad brzegiem jeziora. Patrzyła w obiektyw lub w nieprzeniknioną dal, przypominając mi wychodzącą z morskich odmętów, zrodzoną na grzywach fal Wenus. Kiedy wydymała pełne jak księżyc nocą usta, przyćmiewała urodą cokolwiek, na co kiedykolwiek patrzył mój obiektyw! Była jak przecudna nimfa. Wiedziałem już, o czym opowiadali starożytni żeglarze, snując morskie opowieści o syrenach uwodzących marynarzy. Boska Joy w jedwabnych majteczkach i miękkim staniczku opasającym jej słodziutkie owoce metamorfozy dziewczęcia w kobietę. Prężyła się i wiła w świetle lamp, coraz piękniej emanując na nas wszystkich erotyzmem i metafizyką fluidów.

Kiedy zdjęła wszystko, co miała na sobie, i pozostała przysłonięta – jak mgłą – jedynie kawałeczkiem tafty na biodrze, leżała, jak wtedy, kiedy opuściła swój ciepły, bezpieczny dom w łonie matki, a jej usta, wilgotne i błyszczące, kusiły urokiem Lolity. Charakteryzatorka obok mnie szepnęła mi na ucho:

– Dobrze, że nie jestem lesbijką – by dodać po chwili: – Chociaż z drugiej strony… szkoda. Ale wam, facetom, współczuję!

Inni patrzyli na nią jak urzeczeni. Na jej biuścik, który zmieściłbym w swoich dłoniach i tylko różowiutkie suteczki wystawałyby między palcami. Na krwistoczerwone usta, błyszczące i kuszące, by tylko się w nie wpić, jak oszalały wampir w miękką szyję, zatracony pożądaniem ciepłej, lepkiej krwi! Na smukłe nogi, z którymi mogłyby konkurować jedynie najokazalsze pnie czterdziestometrowych sosen w kanadyjskich, zimnych kniejach, szumiących swą pieśń wiatru i harmonii. Na wąski przesmyk talii, jak morze wdzierający się pomiędzy skały obłych bioder. Jak biały żagiel kołyszącej się na falach łupiny maleńkiej łodzi. Wszystkim w jednym momencie nagle rozszerzyły się źrenice, kiedy jej dłoń pod taftą, jak w mglistych oparach, zsunęła się w dół, mijając maleńką łódkę pępka i zbliżając się do miejsca, w którym tak jak na oceanach rodzą się tajfuny i wiatry niszczące swoją namiętnością wszystko w krąg, tak tu rodzi się nowe. Nowe życie i nowe uczucia, rodzi się radość bliskości.

Cienki jak język jaszczurki, czarny jak noc drogowskaz do wielkiej świątyni, do mekki każdego kochanka! Patrzyliśmy na nią jak na cud. Z otwartymi ze zdziwienia ustami. Istotnie była nim, była cudem. Skąd jednak wtedy mogłem o tym wiedzieć? Kiedy wreszcie sesja dobiegła końca, uświadomiłem sobie, że rozpaliła we mnie ogień, którego tak dawno już nie czułem. Ta niewinnie wyglądająca dziewczyna, nieomal dziecko jeszcze, sprawiła, że znów zapragnąłem ciepła kobiecego ciała. Zapragnąłem być blisko niej. Czułem dziwne, dotąd obce mi uczucie, którego nie potrafiłem zidentyfikować. Było w niej coś znajomego, jakby to było miejsce ze snu, który już kiedyś wyśniłem. Zdawało mi się, że znam ją, że znam jej głos i ciało, że znam jej ruchy i gesty. Nie wiedziałem tylko skąd. Zresztą oczywiste dla mnie było, że nie mogłem jej znać i w żaden sposób nie mogła być mi bliska. Wyjechałem z Polski, zanim ona mogła przyjść na świat. Obawiałem się, że zjawy z przeszłości znów dopadły mnie, by dusić mnie wspomnieniami. W jakim okrutnie błędnym przeświadczeniu wtedy żyłem.

Myślałem, że jej pojawienie się będzie tylko niewielkim epizodem w życiu, epizodem, jakich życie funduje nam z każdym świtem wiele. Jednak los sprawił inaczej. Spotkaliśmy się jeszcze raz. Szefowie agencji byli zadowoleni z efektu naszej współpracy, więc kontynuowaliśmy ją. Po trzeciej sesji powiedziała wprost:

– Mogę mówić do pana po imieniu?

– Pewnie, nie mam nic przeciwko.

– Więc... Arturze, skoro oboje mówimy po polsku w tym dziwnym kraju, to może spędziłbyś ze mną trochę czasu. Może jakaś kawa albo drink? Po czym szybko dodała: – Tylko ty mówisz po polsku. Bardzo tęsknię za Polską. Wszystko jest tu takie inne i obce, ludzie są tacy dziwni. Zgódź się! Proszę!

– W porządku. Też o tym myślałem.

Pomyślałem: Boże Wszechmogący, jestem tylko mężczyzną! Po czym, dając upust swojej ciekawości, zapytałem:

– Nie masz przypadkiem rodziny w Pradze?

– Nie, pochodzę z Woli – odpowiedziała beztrosko.

– Taak... ale ja myślałem o Czechach, Joy.

– Ach tak. Rozumiem, ale jestem niemądra. To nie, nie... na pewno nie. Zarumieniła się ze wstydu, po chwili tłumacząc się słodko:

– Przepraszam, jestem przy tobie taka głupia. Przepraszam...

– Przestań – odparłem. – Postawię ci za to drinka, takiego, jaki sobie tylko wybierzesz. Poza tym, jeśli chcemy, by nasza współpraca układała się należycie, powinniśmy się lepiej poznać! No nie?

– Jasne.

Takim to oto sposobem się poznaliśmy lepiej. Już na pierwszym spotkaniu wiedziałem o niej bardzo wiele.

– Nie mam już rodziców.

– Każdy jakichś ma przecież.

– Tak, niby tak. Ojca nie znałam nigdy.

– Często tak bywa. Niestety. A mama?

– Popełniła samobójstwo. Zostawiając mi mieszkanie w Polsce.

– Przykro mi.

– Niepotrzebnie. Przywykłam. Mama zaszła w ciążę tuż przed tym, jak się rozstali z ojcem. On wyjechał gdzieś za granicę Polski.

– Czyli masz ojca drania. Nigdy się nie troszczył o ciebie?

– Nie. Ale też z tego co powiedziała mama, nie miał pojęcia, że matka jest w ciąży. Nic więcej mi o nim nie powiedziała.

– Czemu?

– Nie wiem – odparła, wzruszając ramionami.

– A pytałaś?

– Jasne! Ale nie chciała nigdy o nim rozmawiać. Myślę, że przez ojczyma.

– Więc był ojczym.

– No był, był. Jakiś czas mieszkaliśmy razem. Ale potem wyjechałam na stypendium do Paryża i już mamy nie zobaczyłam.

– Smutne.

– O tak.

Jej ojczym był bardzo zazdrosny o prawdziwego ojca Joy. Nie lubił jej też szczególnie. W wieku osiemnastu lat, rok temu, wygrała lokalny konkurs miss, potem następny i następny. Trafiła się jej szansa i wykorzystuje ją właśnie teraz.

– Taka jest twoja historia?

– Tak Arturze, a twoja?

Spodobała mi się od razu jako człowiek, jako kobieta oczywiście fascynowała mnie od pierwszego naszego spotkania. Było w niej coś znajomego i jednocześnie coś, co sprawiało, że niesamowicie mnie intrygowała.

Nie była jedną z tych modelek, które kochały tylko siebie i wiązały się tylko z kimś, kto mógł dla nich coś zrobić. Była zwykła, codzienna, naturalna. Normalna, a przy tym szczególnie, od samego początku mi jakoś tak, szczególnie bliska.

Po którymś takim naszym spotkaniu, pocałowała mnie na pożegnanie. Zrozumiałem, że rodzi się romans, bo nie mogła to być miłość. Mogłaby być moją córką. Była o ponad dwadzieścia lat młodsza. Kiedy się urodziła, ja miałem niemal tyle lat co ona teraz. Nie mogłem jej pokochać jak kobiety. Nie chciałem jej krzywdzić. Tak wtedy myślałem. Przyszłość jak zwykle przyniosła coś, czego nigdy się nie spodziewałem. Spotykaliśmy się coraz częściej, choć miało to więcej z przyjaźni niż ze związku. Po prostu spędzaliśmy ze sobą czas. Chodziliśmy do teatru i do kina, spacerowaliśmy i śmialiśmy się z różnych głupstw. Nie wiedziałem, że Joy każdego dnia powoli, jak rosnący stos ziarenek piasku w klepsydrze, rzuca na mnie swój wydłużony cień. Swój cień na moje życie, zasłaniając stopniowo słońce i niebo. By wreszcie mnie zabić.

Wkrótce byliśmy jak para kochanków. Nigdy jednak do niczego, poza pocałunkami, między nami nie doszło. Aż do tamtego wieczora.

Wracaliśmy z przyjęcia z okazji wejścia nowej kolekcji. Był maj, w powietrzu unosił się zapach nadchodzącego wielkimi krokami lata. Nie był to zapach bzu i jaśminu, który czułem w Polsce albo w Czechach, ani nawet zapach wiatru i słońca z Bośni i Chorwacji. Ale wszystko mówiło, zdawało się krzyczeć – wiosna, wiosna, wiosna!

Wracaliśmy do domu. Miałem ją tylko odprowadzić. Ten wieczór był taki piękny, że chyba urzekł nas oboje. Przyroda obwieściła zwycięstwo nad zimą i zapowiadała lato. Kiedy znaleźliśmy się przed domem, w którym wynajmowała mieszkanie, uśpieni zapachami i odurzeni sobą usiedliśmy na ławce. Przytuliła się do mnie i patrząc mi w oczy, gładziła moje przyprószone siwizną skronie.

Patrzyłem na nią i widziałem w oczach mojej Joy wzbierające jak morska fala po wybuchu wulkanu na dnie morza pożądanie. Z każdą sekundą fala unosiła się wyżej i wyżej. Zrozumiałem. Nie mogłem się dłużej opierać tej boskiej istocie, musiałem jej ulec. Wyczytała to w moich oczach i delikatnie – najdelikatniej jak tylko potrafiła – pocałowała mnie.

Popatrzyła w moje oczy, które zdawały się krzyczeć do mnie:

– Jesteś dla całego świata kimś, dla mnie zaś jesteś teraz całym światem!

Odwzajemniłem jej pocałunek. Wkrótce całowaliśmy się jak wtedy, kiedy byłem z moją pierwszą kobietką. Znów miałem siedemnaście lat!

Poszliśmy na górę, do niej, położyłem ją na łóżku. Potem sam położyłem się obok, całowałem ją najdelikatniej, jak tylko można to sobie wyobrazić.

Wiliśmy się na wielkim, czerwonym łożu. Wiedziałem już, kiedy spojrzała na mnie, że będę jej pierwszym mężczyzną w życiu. Byłem jej mężem, a ona była tej nocy moją żoną. Całowałem jej mokry brzuch, syciłem się zapachem młodzieńczej nieśmiałości. Świeżości. Jak zroszona cieplutkim deszczem, rozwijająca się mała, czerwona róża, która to dopiero rozchyli swe delikatne płatki, by pokazać całemu światu swoje piękno i by nasycić go wonią w pełni rozwiniętego kwiatu. Całowałem jej malutkie piersi, a mój język tańczył wokół jej suteczka jak motyl wokół wielkiej orchidei, zwabiony jej ulotnym zapachem. Smukłe palce oplatały moją szyję jak pędy dzikiego wina oplatają zmurszałe mury starych domów. Byliśmy jak dwa płyny w jednym naczyniu, jak niebo i ziemia, jak słońce i deszcz. Jak Jin i Jang.

Majowa noc nad nami wirowała i zdawała się cieszyć naszym upojeniem razem z nami. Kiedy zasnęła, leżałem obok, wpatrując się w nią.

Wstałem i usiadłem obok okna w fotelu. W tym, w którym siedzę teraz. Niech będzie przeklęta ta najstraszniejsza chwila mego życia. Popijając drinka, myślałem o niej śpiącej cicho w moim łóżku. Patrzyłem na nią. Ona była połączeniem wszystkich kobiet mojego życia. Była młodością

Agnieszki, pięknem Blanki, przyjaźnią Alenki i fascynacją Moniki. Była jak płyn w połączonych naczyniach. Miałem dziwne, nieodparte wrażenie, że jest ostatnią kobietą mojego życia. Nie myliłem się.

Szok przyszedł, kiedy spała. Leżała na brzuchu, z rozrzuconymi rękoma, i tak spokojnie oddychała. Była głęboka i ciemna noc. Boże Wszechmogący, jeśli gdzieś istniejesz, nie pozwól, bym stracił tę wspaniałą istotę – myślałem, patrząc na nią. Rozmyślałem tak jeszcze długo, a ona spała nadal słodko nieświadoma. I wtedy wstałem, by do niej dołączyć. Potknąłem się o leżącą na ziemi jej torebkę. Kiedy wchodziliśmy tutaj, nie zapalaliśmy światła, więc jej nie widziałem. Z torebki wysypały się jej drobiazgi. Chciałem je zgarnąć z powrotem i wtedy w świetle wpadającego przez okno księżyca zobaczyłem swój wyrok śmierci. Powoli ogarniało mnie przerażenie. Wziąłem do ręki kawałek papieru i patrzyłem na słowa tam zapisane niebieskim atramentem:

Składam ciche myśli w jeden mały wiersz
Byś mogła usłyszeć mój cichutki szept
W świecie gdzie teraz śnisz piszę
Marzeniami życzenia, czyste i białe
Czyste i dobre, prawdziwe jak brąz Twojego spojrzenia
I proszę świat, by nigdy nie zapomniał...
...tak, jak ja nie zapomniałem!

Patrzyłem na notesik, przewracałem kartki, nie wierząc własnym oczom. Nie rozumiejąc nadal, wziąłem drżącymi dłońmi drugą kartkę...

Bo wciąż o
Więc Tobie
Śnię – Twoim szczęściu w życiu
Marzenia niech więc będą
Rzeczywistością wszystkie prawie
By jedno choć mogło zostać
Abyś mogła śnić dalej!
Ja – nie przestanę nigdy
Gdziekolwiek będę, po koniec
Wszechświata – będę z Tobą!
Pamięcią w kalendarzu znów
Magiczną cyfrę widzę Twoją
Piszę te kilka słów
Dla ciebie sercem, Miłością!

Ty, dziś, zawsze, bądź szczęśliwą
... cokolwiek to znaczy!!
Mojej Mo

Zrozumiałem. Odłożyłem notes. Usiadłem na parapecie okna i ukryłem twarz w dłoniach. Utonąłem we łzach. Gdyby ktoś obserwował mnie wtedy, powiedziałby, że moja twarz przybrała kolor malowanej na biało ściany. Dla mnie było wszystko już jasne. Patrzyłem na pożółkłe kartki i czytałem swoje słowa! Mój płacz zbudził Joy. A moje życie z wolna okrywał lodowaty chłód i ciemny, gęsty dym. Kobieta, którą kochałem i która jeszcze przed chwilą oddychała miarowo w swoim beztroskim śnie, zaspana spojrzała na mnie i zapytała głośno z lękiem:

– Co się stało?

Płakałem nadal. Po raz pierwszy od kilkudziesięciu lat płakałem prawdziwymi łzami. Zerwała się i chciała przytulić się do mnie. Odepchnąłem ją. Upadła na łóżko, zawinęła się w błękitne, satynowe prześcieradło i zapytała znów:

– Co się stało? Arturku... Co ci jest?

– Skąd to masz?

– Ale co? – zapytała, nadal nic nie rozumiejąc.

– Skąd masz ten notesik?

– To mojej mamy... mam go po niej.

– A te wiersze?

– Zapisywała je. Co roku, pod koniec lata przychodził list z kartką urodzinową. Czasem nie przychodziły, albo z kilkumiesięcznym opóźnieniem. Przychodziłam z nimi na jej grób i czytałam jej.

Patrzyłem na to dziecko w niebieskim prześcieradle, z rozczochranymi włosami, ze zdziwieniem i resztkami snu na oczach, i wciąż płakałem. Potem spomiędzy kartek wypadło zdjęcie i... zobaczyłem ją. Widziałem Monikę taką, jak zapamiętałem ze swojej młodości. Joy patrzyła, nie rozumiejąc nic. Ja za to rozumiałem wszystko. Uświadamiałem sobie wszystko o swoim życiu i o niej. Dziewczyna ze zdjęcia, Boże, to była Monika. Po tylu latach trafiłem na jej ślad. To była ona. Jej matka. Nie mogłem znieść uczucia, które mnie ogarnęło. Przytuliłem Joy i szepnąłem na ucho, aby znikła z mojego życia. Narzuciłem coś na siebie i wybiegłem na ulicę. Wsiadłem do swojego auta i oparłem ręce na kierownicy. Boże, jeśli gdzieś jesteś, po cóż mnie sprowadziłeś na świat, skoro tak mnie traktujesz?

Rysa na szkle

Deszcz dzwonił o dach samochodu. Siedziałem w aucie już kilka godzin, nieczuły na wszystko, co działo się wokół. Kiedy się ocknąłem z letargu, zapaliłem silnik i włączyłem radio.

– Dla wszystkich *Dziewczyna o perłowych włosach* – głos szybkomówcy komercyjnego radia zapowiedział tę piosenkę.

– Znów ta sama piosenka – powiedziałem do siebie.

Z głośników płynęły jej akordy. Widziałem pomiędzy nimi siebie młodszego o dwadzieścia lat, wchodzącego do jej pokoju, do pokoju mojej kochanki. Do kobiety, którą wtedy ukochałem tak szczerze i mocno. Moja głowa była tylko kłębowiskiem myśli. Wysiadłem z samochodu i szedłem wolno w ulewnym, wiosennym deszczu.

Tej nocy się upiłem do nieprzytomności. Tej i następnej. I następnej. Był to ostatni wieczór, kiedy byłem trzeźwy. Kiedy nie piłem, zażywałem heroinę. Jedno drugiemu nie przeszkadzało, zupełnie tak samo jak teraz.

Nie poszedłem już nigdy do pracy. Piłem codziennie. Piłem, by zapomnieć. Nie udawało się. Zapominałem tylko na chwilę. Więc piłem nadal, by nie pamiętać, że piłem. Wkrótce opróżniłem wszystkie konta bankowe i sprzedałem wszystko. Nawet swego nowego canona. Wszystko. Aparat zresztą nie był mi już potrzebny. Tak jak ja nie byłem potrzebny światu. Nie byłem potrzebny nikomu.

Pewnej nocy, całkiem podobnej do dzisiejszej, poszedłem na Oudezijds Achterburgwal, popijając wódkę z piersiówki. Znalazłem się potem w łóżku z jakąś kobietą. Była Węgierką. Za kolorowy banknot kupiłem jej piękne, opalone ciało. Kochaliśmy się mechanicznie. Po kurewsku. Nie było w tym miłości, ale żądza i rozładowanie napięcia. Piękna kobieta i tylko seks bez miłości. Pełne obrzydzenia ruchy jakiegoś obcego ciała nade mną. Mnie pijanym, nieogolonym, śmierdzącym. Tylko resztką człowieka, jakim kiedyś byłem. Bez szans na cokolwiek.

Kiedy rano wstałem, wiedziałem, że spędziłem noc z prostytutką. Poprzedniego wieczoru wiedziałem o tym w czasie przyszłym, ale przez filtr alkoholu, narkotyku i popędu nie miało to takiego samego znaczenia jak tamtego ranka. Wchodząc do łazienki, dostrzegłem na lustrze jej pożegnalny napis czerwoną szminką:

– WITAM WE WSPANIAŁYM ŚWIECIE AIDS!

Potem zrobiłem test. Wynik był pozytywny. Wróciłem do domu – wyjąłem z akwarium butelkę z Jasiem Wędrowniczkiem i nalałem sobie jednego. Wychyliłem od razu. Drugiego skończyłem po załadowaniu ostatniego pocisku do magazynka tego glocka – wskazał ręką, trzymając szklankę, na drewniany parapet. Leżał tam dziewięciomilimetrowy czarny glock 17.

Potem była jeszcze jedna szklanka. Ubrałem się i włożyłem pistolet tak, jak robił to Tom, za pas od spodni z tyłu na nerce. Szedłem ulicą i kipiała we mnie żądza zemsty. Szukałem jej. Wreszcie zobaczyłem ją, jak stoi i pali papierosa, rozmawiając z klientem. Stałem po drugiej stronie ulicy.

Ktoś przejechał samochodem, zaraz potem ruszyłem w ich stronę. Kiedy byłem dziesięć metrów przed nimi, wziąłem ostatni łyk Jaśka i odrzuciłem butelkę w bok, rozbijając o mokry od deszczu asfalt. W tej samej chwili odsunąłem marynarkę i sięgnąłem po broń. Oboje mnie dostrzegli. W jego oczach dostrzegłem zdenerwowanie. Ułamki sekundy ciągnęły się niemiłosiernie. Facet coś do mnie krzyknął i popatrzył na nią. Wiedziałem, że chciałaby uciec, ale jest bez szans i zdaje sobie z tego sprawę. Zamknęła na chwilę oczy, kiedy suchy trzask przesuwającego się zamka obwieszczał, że nabój jest już w komorze i broń jest gotowa do strzału. Kiedy je otworzyła, był w nich tylko strach. Wycelowałem w głowę.

Otworzyła usta, aby coś powiedzieć. W tej samej chwili poczułem szarpnięcie nadgarstka i jej czaszkę rozłupała kula. Padła na ziemię. Gość obok niej patrzył wystraszony, trzymając drżące ręce w górze. Nacisnąłem spust drugi raz i jego ramieniem szarpnęło w tył. Nacisnąłem znów. Upadł do tyłu, na plecy. Z samochodu stojącego po drugiej stronie ulicy wyskoczył jej alfons z dredami na głowie, trzymając broń gotową do strzału. Odwróciłem się i bez zastanowienia nacisnąłem spust, strzelając trzykrotnie. Wszystkie trzy kule trafiły w jego pierś, szarpiąc prawie stukilogramowym ciałem jak workiem z pierzem. Osunął się po chwili po drzwiach swojego mercedesa SL. Padając twarzą w asfalt, upuścił broń.

Wszystko to trwało kilka sekund. Spojrzałem za siebie – na chodniku leżał klient w płaszczu z krwawymi dziurami. Dziwka leżała na bruku, przy krawężniku, z nienaturalnie skrzywionymi nogami. Jej głowa była jedną wielką plamą. Po drugiej stronie ulicy alfons z przestrzeloną klatką charczał, konając. Wsiadłem w jego SL. Położyłem broń na siedzeniu pasażera.

Przekręciłem kluczyk w stacyjce, zagrało cicho radio i silnik zapalił ochoczo. Odjechałem przez nikogo niezaniepokojony. Samochód zostawiłem na parkingu pod tesco. Zabrałem tylko broń. W sklepie kupiłem jeszcze ze dwie wyborowe. Zadziwiające, że możesz ją kupić wszędzie, nawet tu. Nie skończyłem jednak tego wieczora nawet jednej. W domu doprawiłem się wódką i zasnąłem. Dziś rano, kiedy się przebudziłem, zadzwoniłem do ciebie. Dziś jest już czwarty września.

Zegar wskazywał północ. Rzeczywiście, jest już czwarty września – pomyślała zaszokowana jego historią dziennikarka.

– Oto cała moja historia.

– Nie wiem, co powiedzieć...

– Nie mów nic. To dobry materiał. Idź już, zostaw mnie samego, męczę się! Już niedługo. Mój czas nadszedł. Czego jeszcze chcesz?

Dziennikarka zabrała taśmy i wyszła. Bała się. W końcu on zastrzelił troje ludzi. Kiedy ostatni raz spojrzała w jego stronę, miał ten sam wyraz twarzy jak wtedy, kiedy zaczynał opowieść. Kiedy tu wchodziła, patrzył przed siebie, ale nic nie widział. Wyszła. Zaraz potem, jeszcze na progu, wróciła. Otworzyła raz jeszcze drzwi i popatrzyła znów. Siedział tak samo. Weszła i zrobiła kilka kroków w kierunku mebli.

Na regale, nad pokaźną biblioteczką, stał miniaturowy, szklany słonik z uniesioną trąbą. Dotknęła go i obejrzała, po czym odłożyła na półkę, tak samo jak stał poprzednio. Palcem wskazującym dotknęła kryształowej trąby i przesunęła kilka centymetrów. Płakała. Z oczu płynęły łzy jak grochy. Spojrzała na niego i cichutko szepnęła:

– Tylko, jeśli trąba jest skierowana w stronę okna, Arturku, tylko wtedy słonik przynosi szczęście.

Nie słyszał tego, nie słyszał też jak wychodziła. Był zamroczony, pijany i zmęczony. Wyszła na dobre. Zamknęła za sobą drzwi. Jak przemykający zakamarkami miejski, dziki kot, cicho, miękko. Pozostawiła za sobą tylko swój zapach.

Na zewnątrz, na ulicy, lał ulewny deszcz. Ciepły, ale gęsty i przysłaniający wszystko. Wsiadła do auta i ruszyła. Jego historia zrobiła na niej wielkie wrażenie. Z emocji o mały włos nie potrąciłaby stojącej na jezdni jakiejś młodej kobiety stojącej w tym deszczu.

Wróciła do domu i nie mogła ochłonąć. Usiadła na kanapie obok palącego się w kominku ognia. Nalała sobie do kieliszka czerwonego wina. Napiła się. Włączyła magnetofon i słuchała świeżo jeszcze brzmiących słów.

– Urodziłem się w małym miasteczku...

Z głośnika, jak zza grobu, dochodził smutny głos Artura. Słuchała go w ciszy. Ogień trzeszczał, powoli trawiąc suche drewno. Ten przeklęty deszcz dzwonił rytmicznie, padając na dachówki.

Umrzeć w deszczu

Nadchodził ranek czwartego września. Na ulicy przed domem Artura stała dziewczyna, z zadartą w górę głową. Wpatrywała się w okno w dachu. Przemokła, było jej zimno i krople deszczu rozmyły jej makijaż. Światło w jego oknie było coraz słabsze i słabsze. Krople deszczu spływające po jej twarzy mieszały się ze łzami. Nagle, w oknie zapanowała zupełna ciemność.

On spokojnie zasypiał w swoim fotelu. Powieki przymykały się wolno. Śmierć powoli dopadała jego ciało. Szklanka wysunęła się z dłoni i rozbiła na podłodze, pozostawiając na ziemi szkło. Wśród rozbitych kawałków szklanki leżała mała wsuwka do włosów – kiedyś, dawno, wpinana we włosy Moniki.

Z jego oka powoli, jakby nieśmiało, płynęła wielka, kryształowa łza. Zatrzymała się na ustach i drżąc chwilę, oderwała się. Upadła, rozbijając się o jego czarną koszulę. Migoczący ogień świecy dogasał. Słońce wstawało po następny dzień. Tego dnia po raz pierwszy od dwudziestu lat nie wyśle urodzinowych życzeń Monice. Nie wyśle już nigdy, nikomu. Artur siedział jeszcze chwilę w fotelu, patrząc na pistolet leżący na parapecie. Przez okno w ukośnej ścianie wpadał blask księżyca. Alkohol i narkotyk już od dawna działały. Chwiejnym krokiem przesunął się do stolika, po czym wlazł nań. Teraz w zasięgu jego rąk znalazły się drewniane legary pod sufitem. Przysunął się do krawędzi stolika i sięgnął do góry. Dłonią wymacał linę. Przygotował ją jeszcze przed tym, kiedy postanowił zabić tę kurwę z Węgier. Potem ukrył pętlę, pozostawiając niewidoczną, leżącą wzdłuż legara. Teraz wyjął linę z fachowym węzłem. Trzynaście okrążeń liną – węzeł samobójców, specjalnie na stryczek. Węzłów nauczył go Tom. Skąd mógł wiedzieć, że kiedyś akurat ten mu się przyda?

Założył pętlę na szyję. Sięgnął ponownie w górę i znalazł niklowane kajdanki. Zapiął jeden nadgarstek, założył ręce za plecy i zapiął drugą dłoń. Odbił się w przód z krawędzi stolika. Lina pod jego ciężarem gwałtownie się wyprostowała, wydając cichy jęk. Mężczyzna wisząc, szarpał się kilkadziesiąt sekund. Białka oczu po kilku sekundach nabiegły krwią, barwiąc je całkowicie na czerwono. Po butach na deski skapywał mocz. Nagle, walka osłabła. Ciało zastygło w martwym bezruchu. Stopa podniosła się jeszcze dwukrotnie i mężczyzna znieruchomiał, kołysząc się tylko na cicho skrzypiącej linie. W kuchni cichutko nuciło radio.

Joy stała nadal na ulicy w strugach deszczu. Zapuchnięte od łez oczy spoglądały w okno na dachu mieszkania jej kochanka i pierwszego w życiu mężczyzny. Nagle zobaczyła tę dziewczynę. Wychodziła od niego. Jej serce zalało się bólem zranionej zazdrością miłości. To dodało jej odwagi. Kiedy nikłe światełko wreszcie zgasło i zapadła całkowita ciemność, postanowiła, że wejdzie. Wchodziła po skrzypiących przy każdym kroku schodach. Chciała wiedzieć, dlaczego tamtej nocy wyszedł bez słowa. Dlaczego nigdy potem się nie odezwał. Czy zrobiła coś źle? Dlaczego nie odpowiadał na telefony i nigdy nie otworzył jej drzwi? Dziś spróbuje po raz ostatni. To już tyle czasu. Tak bardzo boli! Zapukała. Odpowiedziała cisza. Drzwi były otwarte. Weszła. Nikt nie odpowiadał. W pokoju panowała prawie zupełna ciemność, w tle cicho słyszała słowa piosenki:

Zbyt wiele miłości cię zabije, jeśli nie możesz się zdecydować. Rozdarty między kochankami, a miłość pozostawiłeś. Zmierzasz ku klęsce, bo nigdy nie umiesz odczytać znaków.

Weszła. Chciała tylko na chwilę. Chwila zamieniła się w wieczność. Zobaczyła go wiszącego. Rzuciła się w jego kierunku, płakała, tuląc bezwładne ciało. Kiedy dostrzegła broń na parapecie, przestała. Wzięła zimną stal w dłoń, spojrzała w jego kierunku i otworzyła usta. Kiedy lufa stuknęła w podniebienie, wywołując odruch wymiotny, nacisnęła spust. Ciszę na poddaszu przerwał huk strzału. Po chwili łuska upadła na deski podłogi. Chwilę po niej także ciało Joy.

Postscriptum

Ciemnoskóry policjant w stopniu porucznika podszedł do okna i przesunął żaluzje. W jego gabinecie pojaśniało. Czytał notatkę ze sprawy, którą właśnie zamykał:

– Po anonimowym telefonie nasi funkcjonariusze dokonali rewizji mieszkania denata. Wewnątrz stwierdzono obecność dwóch ciał. Okoliczności wskazują ponad wszelką wątpliwość, że były to samobójstwa.

Denat – emigrant z Czech, artysta fotografik, dziennikarz: Arthur Sadovsky (prawdziwe nazwisko Artur Sadowski), lat 40, przyczyna śmierci: zerwanie kręgów szyjnych na skutek powieszenia, 2,2 promile alkoholu, kokaina i amfetamina we krwi. Nosiciel wirusa HIV.

Denatka – obywatelka polska, fotomodelka, Jowita Dydyńska, lat 19, przyczyna śmierci – postrzał w głowę bronią krótką kal. 9 mm Glock 17 nr ONY-984-48LY. Rana postrzałowa podniebienia. Broń należała do denata.

Na broni wykryto odciski palców denata i denatki. Obok ciała denata znaleziono łuskę pochodzącą z ww. broni. Z tej samej broni dokonano zabójstwa 3 osób dn. 3.09.1996 na Oudezijds Achterburgwal (sprawa 5311/00/25-30), co potwierdziły badania oraz analiza balistyczna. Dochodzenie wykazało, że zmarli znali się i prawdopodobnie utrzymywali stosunki seksualne. Motyw zabójstwa wykluczony ponad wszelką wątpliwość. Na podstawie badań DNA pokrewieństwo między zmarłymi. Denat był biologicznym ojcem denatki. Domniemany bieg wydarzeń: Mężczyzna popełnił samobójstwo. Kobieta, wchodząc do mieszkania, prawdopodobnie na skutek doznanego szoku, włożyła pistolet do ust i oddała samobójczy strzał.

Policjant zamknął akta sprawy w dużej, szarej teczce, zawiązując jej okładki białą tasiemką, po czym włożył ją do pudła, przygotowując do zarchiwizowania w magazynie. Wstał, podszedł do okna, oparł ręce na parapecie i zapalił papierosa. Dym z jego ust, jak szara mgła unosił się ku górze. Z każdym centymetrem tej drogi stawał się coraz mniej widzialny, bardziej rozmyty, by w końcu zniknąć. Niebo, wspaniale dziś zaciągnięte chmurami, coraz mocniej otulało się blaskiem wschodzącego słońca. Chmury przysłaniały je niemal całkowicie. Policjant odłożył papieros, a właściwie już tylko filtr, zgniatając w popielniczce tak, że ledwie można było odczytać napis firmujący ich markę. Wyrzucił zawartość popielniczki do kosza i zabrał się do pracy. Czekał go długi dzień. Pośle jeszcze dużo dymu w niebo.

Na jego biurku leży kilka nie zawiązanych jeszcze białą tasiemką teczek. Za oknem słońce świeciło, osuszając ziemię po deszczu. Ludzie, jak co dzień wsiadali i wysiadali do autobusów czy tramwajów. Ludzka rzeka płynęła chodnikami i przejściami podziemnymi. Kierowcy tkwili w swoich samochodach. Matki w parkach popychały wózki z dziećmi, a staruszki trzymały swoje hałaśliwe psy na smyczach. Ciała Artura i Joy, oczekując na swoją kolej do kremacji, nieruchomo spoczywały przykryte prześcieradłami w kostnicy. Na dużych palcach ich stóp przymocowane były małe karteczki. Budził się kolejny dzień.

Spis treści

Aleksander Sowa (ur. w 1979 r. w Paczkowie) to pochodzący z miejscowości Kamienica na Opolszczyźnie pisarz niezależny, wydawca i self-publisher. Powieść „Umrzeć w deszczu" jest pierwszą polską powieścią wydaną na papierze a następnie sprzedawaną w Amazon jako e-book. Strona autorska: www.wydawca.net

Printed in Great Britain
by Amazon